Éloge de l'Acacia
Chroniques

Nouvelle édition revue
et augmentée

ISBN-13 : 978-1515214052

Autoédition © André Moser 2017
124, rue du Jura/Les Hutains – FR-01170 Segny

André Moser

Éloge de l'Acacia
Chroniques

Nouvelle édition revue et augmentée

Essais

Ouvrages du même auteur

Éloge de l'Acacia – Chroniques
© Éditions DDS, 2012, Genève
ISBN-13 : 978-2-9541533-0-8
Épuisé

De la Rose à l'Épée
Autoédition © André Moser 2015
ISBN-13 : 978-1515020370
Disponible en format numérique et broché sur
Amazon

Vivre heureux – Méditations créatives
Autoédition © André Moser 2017
ISBN-13 : 978-1973964230
Disponible en format numérique et broché sur
Amazon

Table des matières

Remerciements

À mes enfants, Anne-Cécile, Jacques-André, Isabelle, et mes Sœurs et Frères en humanité…

Avant-Propos

Cette nouvelle édition reprend la plupart des textes publiés dans la première version de 2012 aux Éditions DDS, Genève ainsi que ceux de l'édition 2015 en autoédition. Les préfaces de Nicolas Munoz de la Mata et de Rémy Hildebrand qui figuraient dans la première édition de 2012 ont été ajoutées. Les chroniques ont été revues et réactualisées compte tenu de l'état des connaissances à ce jour.

Deux chroniques ont été ajoutées : « Liberté de conscience et Franc-maçonnerie » et « L'éthique dans la Maçonnerie »

La situation du monde en cette année 2017 est préoccupante, car les pays n'arrivent pas à se moderniser au regard des déséquilibres provoqués par la globalisation des échanges économiques et des flux migratoires générateurs d'inégalités sociales et de tensions sociétales.

Tout laisse à penser que les comportements individuels et nationaux des peuples reprendront les vieux schémas d'antan qui les ont amenés, n'ont pas à s'unir dans la conscience d'être des privilégiés, mais au contraire à entretenir la discorde à travers des dogmes religieux et des dogmes et agissements sociétaux que beaucoup avaient enterrés sous le couvert de la laïcité et du progrès.

D'autre part, l'empoisonnement de la planète par la dissémination des produits chimiques d'une société industrielle productiviste est funeste pour les générations à venir.

Dans ce contexte morose, il est du devoir de chaque citoyen, mais aussi de tout individu éclairé par la Science et la culture des Lumières, d'apporter, haut et fort, les vertus d'une démarche universelle qui amène à plus de responsabilités envers soi-même, la famille, la société en général et surtout au regard de l'écologie.

Ce livre met en évidence aussi l'extraordinaire potentialité que recèle chaque être humain pour s'améliorer et devenir cet être conscient par une volonté sans failles de construire son existence avec l'aide de de l'Amour et de transmettre aux générations futures les pépites d'or d'un altruisme flamboyant.

André Moser

Ségny, octobre 2017

Préface 1

La première partie de la vie d'adulte d'André Moser est celle d'un Jak Kerouac qui serait né en Helvétie. Car, à l'instar du célèbre écrivain américain, le jeune homme consacre de longues années à de grands déplacements, avec un statut social assez inattendu, quand on connaît le notable qu'il est devenu. Avant le chanteur Antoine, André Moser a navigué sur plusieurs mers, avec femme et enfant. Toujours « sur la route », il a également vécu, en Espagne, des produits de sa ferme. Dans laquelle il assumait les travaux les plus durs. Puis, changeant de cap, il a repris son métier d'ingénieur.

Enfin est arrivé le moment, pour ce « Maçon sans tablier », de recevoir l'initiation. Il a cessé d'être un profane, dont le sens étymologique signifie, comme l'on sait, « En dehors du sacré ». Il a pu, dès lors, poursuivre avec enthousiasme ses voyages au long cours dans les contrées de l'ésotérisme que d'autres ont explorées

Mais ses multiples expériences antérieures n'ont jamais quitté sa mémoire.

Aussi sait-il tracer le sillon de sa prose. Pour communiquer ses convictions eschatologiques et sa vision spirituelle de la vie humaine. Mais aussi pour établir une séparation cathartique avec les aspects moraux, matériels et visibles de ladite vie. Quand il écrit, sa pulsion naturelle est le « scroll », toujours à la Kerouac. Puis, il scinde ses phrases, pour ne pas désorienter son lecteur et bien expliciter ses préoccupations transcendantales. Mais aussi sociétales et citoyennes.

Parvenu au sommet des Hauts Grades, André Moser conserve l'émotion du quasi-impétrant, introduit dans le Cabinet de réflexion.

Compte tenu de sa formation de chimiste, il savait bien que l'acronyme qui l'interpelait, V.I.T.R.I.O.L. était étranger à l'acide sulfurique.

Puis il a appris le sens de l'injonction contenue, en latin, par ces sept initiales : « Visita Interiora Terrae, Rectificandoque Invenies Occultum Lapidem ». Laquelle serait un héritage alchimique, signifiant « Visite l'intérieur de la terre et en rectifiant tu trouveras la pierre cachée ».

Peu à peu lui est apparu le sens profond de cette formulation :

Visite, autrement dit « cherche, analyse » à l'intérieur de la Terre (celle dont tu procèdes, c'est-à-dire toi-même) et tu trouveras la pierre cachée (celle que tu constitues) et en la rectifiant (c'est-à-dire en la taillant, comme l'on taille un diamant) tu parviendras à la sagesse et à la sérénité.

C'est en appliquant cette règle qu'André Moser a franchi les labyrinthes des différents grades. Lesquels ont été jalonnés par de multiples planches, réunies ici, après avoir été amendées. Elles constituent « L'Éloge de l'Acacia ». Cet ouvrage se distingue de la kyrielle d'ouvrages traitant de la

Franc-maçonnerie, parce qu'il n'est pas un traité pédagogique, mais un constant témoignage. André Moser guide cependant le lecteur du Zénith au Nadir. Puis, insensiblement, de l'Orient à l'Occident et de Septentrion au midi. On entre ainsi dans la chaîne d'union, et l'on perçoit la force qu'elle représente.

André Moser nous fait également découvrir que « le pavé mosaïque est le tremplin pour vivre la lumière et rechercher un enseignement adapté à sa personnalité ». Car, malgré sa profonde foi chrétienne, il est un humaniste tolérant et averti. Il sait que nombre de ses Sœurs et de ses Frères diffèrent de ses convictions et de ses préoccupations quant à la transcendance. Il sait aussi que l'un des mérites majeurs de la Franc-maçonnerie est de ne pas formater les esprits. Aussi attache-t-il une importance primordiale au lien fraternel.

C'est pourquoi il faut percevoir son « Éloge de l'Acacia » comme un vibrant message destiné aux « Frères humains, qui après nous vivront ». Pour les convaincre que la Fraternité a une valeur exceptionnelle. À tel point, qu'elle pourrait être déterminante pour éradiquer les conflits armés qui affectent notre humanité. Permettant ainsi d'aller « Vers la paix perpétuelle » que prônait Kant.

Le propos peut paraître disproportionné par rapport aux enjeux mondiaux auxquels est confrontée notre planète. Cependant, souvenons-nous de l'exclamation d'Archimède pour valoriser sa découverte du principe du levier : donnez-moi un point d'appui et un levier et je soulèverai le monde !

Certes, l'« ÉLOGE DE L'ACACIA » ne pourra pas jouer ce rôle de levier auprès des dirigeants des principales puissances mondiales. Mais à coup sûr, il le pourra pour de nombreuses personnes qui recherchent « la pierre cachée ».

C'est pourquoi je forme le vœu que ce livre trouve une place de choix dans de nombreuses bibliothèques, voire sur autant de tables de chevet.

Nicolás Muñoz de la Mata

Préface 2

Le savoir diffuse la lumière de la connaissance dans l'esprit du cherchant. Cette réalité est offerte aux lecteurs des Chroniques d'André Moser. Tel un enseignement traversant les époques, cet ouvrage montre le combat des préjugés, parle des richesses de la fraternité, éclaire les chefs-d'œuvre que les humains offrent aux humains.

Familier de l'idée de la mort, l'être humain est en quête depuis la nuit des temps de réponses : il désire se familiariser aux attentes de son âme et à son itinéraire au-delà du visible.

Les entretiens d'André Moser enchanteront les lecteurs fascinés par les voyages vers l'infini, la démarche initiatique, l'espérance fraternelle, la symbolique maçonnique.

Les mouvements religieux, le catharisme, la liberté de penser, les enseignements astrologiques, l'abolition de la peine de mort, autant de chantiers qui stimulent la réflexion et invitent à l'action.

Quels cheminements inspirés dans cette démarche offerte aux bâtisseurs du monde qui vient à nous.

André Moser cultive cette curiosité destinée à mieux se connaître soi-même. Sa générosité nous comble, son érudition nous émerveille, son ouverture d'esprit nous séduit. Notre chance réside dans le plaisir de partager un trésor qu'il nous lègue. Ne prescrit-il pas tel un médecin chargé de veiller sur la bonne santé de ses patients, l'élixir du bonheur de vivre, la médication de la fraternité, l'huile de la confiance, l'essence templière, le parfum des voyages initiatiques, les lumières qui apportent à la conscience une nourriture spirituelle et une dimension ésotérique ?

Rémy Hildebrand

Le Savoir et la Connaissance

« La connaissance est une navigation dans un océan d'incertitudes à travers des archipels de certitudes »,
Edgar Morin in les sept savoirs nécessaires à l'éducation du futur

« Quand bien nous pourrions être savants du savoir d'autrui, au moins sages ne pouvons-nous être que de notre propre sagesse », Montaigne

Introduction

Le savoir et la Connaissance sont liés aux notions de progrès, de philosophie et de sentiment religieux et ne recouvrent pas exactement le même sens.

Ils sont notamment utilisés dans les rituels maçonniques dans le but de susciter chez l'impétrant une démarche qui consiste à comprendre ce que représente l'Homme sur terre et dans l'univers.

Ils suggèrent qu'il existe une force d'introspection spécifique qui permet d'accéder aux chemins de la Connaissance et finalement de distinguer l'acquis de l'inné,

« Il y a qu'il y a... »[1] sont les premiers mots d'une strophe d'un poème de Parménide qui entérine magistralement l'interrogation primordiale de l'Homme au sujet de son destin, qualifiant ainsi la force qui sera le moteur de son évolution.

Comprendre et rechercher l'origine de cette force permet de vivre en conscience sa condition humaine et d'accepter son destin terrestre.

Définition

Selon le Larousse encyclopédique la définition du savoir est « un ensemble cohérent de connaissances acquises au contact de la réalité ou par l'étude » et toujours selon le même auteur celle de la connaissance est « l'ensemble des domaines où s'exerce l'activité d'apprendre ». Mais ce terme a aussi une autre signification, à savoir : « le fait de comprendre, de connaître les propriétés, les caractéristiques, les traits spécifiques de quelque chose ».

Ces deux définitions sont souvent une source de confusion, en ce sens que le vocable est parfois pris comme une démarche pour acquérir la

---

[1] . Parménide a dit qu'il faut choisir entre deux partis : ou bien admettre que l'être est et que le non-être n'est pas, ou bien prétendre que l'être n'est pas et que le non-être est. Cette dernière position est intenable ; elle ne se laisse même pas concevoir, puisqu'on ne peut penser que ce qui est. Il faut donc croire et affirmer que l'être est et que le non-être n'est rien. C'est pour ne pas assez reconnaître cette vérité que les humains, aveugles et stupides, sont plongés dans l'erreur et dans l'incertitude. Et l'être est et qu'il n'y a pas autre chose que l'être !

compréhension alors qu'elle ne représente qu'un domaine bien spécifique.

Il faut chaque fois se référer au sens de la phrase et du contexte général qu'elle sous-tend afin d'en comprendre le sens.

D'autre part, le savoir est associé à une démarche intellectuelle et horizontale, lié aux domaines analytiques et établi sur une réalité observable et mesurable, tandis que la Connaissance peint une approche unitaire et fusionnelle de l'Homme avec son environnement, sans n'être aucunement limitée par la réalité et sans exclusion des lois régissant le domaine sensible.

Le savoir dans ce contexte est compris comme l'intégration cohérente de toutes les connaissances acquises. Mais, où se situent celles qui ne sont pas perçues, mais qui doivent exister, car rien ne peut se créer à ne partir de rien ?

Sont-elles dans l'inconscient sous une forme non formulée ?

Exotérisme et ésotérisme

L'exotérisme, analogiquement relié au savoir, s'intéresse principalement aux faits prouvés et reconnus par l'expérimentation scientifique.

Il rejette toute attitude qui se réfère à l'imagination et à des concepts irrationnels, tandis que l'ésotérisme, analogiquement relié à la Connaissance et à l'inné, prolonge l'étude dans d'autres dimensions grâce à l'utilisation d'un langage symbolique et analogique, qui apporte un éclairage nouveau et global.

La recherche scientifique fondamentale, principale méthode qui fait référence à l'exotérisme, donc au savoir, a fait spectaculairement progresser les connaissances de la matière et du génome humain. Cette accélération des connaissances dans ces deux domaines en particulier, mais aussi dans ceux de la psychologie et de la psychiatrie a donné le sentiment que l'Homme maîtrisait désormais son destin.

On relèvera que la cosmogonie a été dramatiquement transformée, puisque la raison s'est substituée à l'intuition et a discrédité la plupart des textes sacrés, qui ont pourtant été dans le passé la porte d'accès au divin.

Parallèlement, les recherches appliquées ont amélioré considérablement la qualité de l'activité humaine, en déchargeant l'Homme de tâches répétitives et souvent pénibles en lui procurant davantage de liberté pour lui-même.

Mais, cette liberté retrouvée n'a pas été utilisée pour une meilleure compréhension du sens de la vie. Il semble, au contraire, que l'augmentation de l'acquis et de la complexité qui en découle pose plus de problèmes qu'elle en résout, puisque l'Homme reste toujours attaché à une vision matérialiste de son destin.

Cette situation laisse le champ libre à toutes les fausses connaissances et surtout à l'apparition d'un

« populisme » politique qui discrédite les vérités ontologiques.

Connaissances matérielles

Les connaissances matérielles sans associations à l'inné, corolairement à l'ésotérisme, débouchent sur des certitudes ne favorisant pas l'évolution spirituelle des individus. Cela a comme conséquence majeure de créer un hiatus entre les forces de progrès et le bonheur d'être par la permanence d'une insatisfaction généralisée génératrice de conflits sociaux.

Les causes sont à rechercher dans le fait que les connaissances purement scientifiques ne représentent qu'une facette de la réalité et qu'elles masquent toutes celles enfouies dans l'inconscient et qui ne sont pas gérable par la raison.

En Maçonnerie, les connaissances surgissent lors d'une tenue d'initiation qui suggère à l'impétrant de nouvelles possibilités d'investigation par l'étude des symboles. Cela a pour conséquence d'élever son niveau de conscience et de lui donner le sens de la globalité et de l'Unité.

Il s'ensuit que cet Homme nouvellement initié devient une donnée essentielle de la résolution du problème. L'ésotérisme prend le relai de l'exotérisme en l'intégrant comme une composante naturelle du macrocosme dans la réflexion analytique.

Ce nouveau comportement a de tout temps été combattu par les adeptes de la méthode scientifique, car pouvant alimenter le conflit entre les partisans d'un développement matériel illimité et ceux qui ne veulent pas jouer aux apprentis sorciers.

Il est à penser que l'identification et la gestion de ce hiatus resteront malheureusement insuffisantes pour empêcher un désastre écologique à l'échelle planétaire.

Pour éviter cette funeste finalité et stopper une telle évolution, il est le temps que la recherche scientifique soit étroitement contrôlée par des comités d'éthique, constitués par des personnalités scientifiques incontestables ayant des qualités spirituelles élevées.

Cela permettra in fine que le rationalisme scientifique ne soit plus dissocié de la Connaissance.

En résumé, la prise de conscience de la Connaissance, sous forme d'un ensemble d'informations, n'évoque en définitive qu'un état d'équilibre à l'interface du monde suggéré et du monde conscient.

Dans ce contexte, le présent représente une perception fugitive et permanente d'un équilibre nécessaire pour transmettre et faire communiquer entre elles objectivement les connaissances afin de construire un réseau de valeurs, étroitement lié au savoir.

Cela met en évidence l'importance des notions d'objectivité et de subjectivité, l'une servant essentiellement à acquérir des connaissances, l'autre à entretenir le doute et à ouvrir les voies de la recherche.

Connaissances initiatiques

Le Larousse n'envisage que la connaissance au contact de la réalité et de l'étude. Mais, que deviennent les connaissances initiatiques qui ont été acquises en dehors des réalités raisonnables et qui surgissent à la conscience de l'initié lors d'un drame symbolique

De même comment évolueront les connaissances issues de la Révélation, de la Rédemption, du Saint-Esprit, de l'Amour et du G.A.D.L.U. ?

Dans l'optique de l'initié, la définition du Larousse est ambigüe, car elle ne fait aucunement référence aux transformations des connaissances par l'intuition. En effet, celles-ci modifient la connaissance étymologiquement objective et acquise par l'étude et la réalité, en une nouvelle connaissance subjective qui pourrait retrouver une nouvelle objectivité dans le cas où la perception de l'un redeviendrait celle de tous.

N'est-ce pas ainsi que naissent toutes les religions ?

De même, cette transformation des connaissances par l'Homme est la clé qui permet de vivre une quête de la Connaissance pour s'approcher d'un savoir irrationnellement intimiste et universel qui, selon le niveau de conscience, oriente la volonté des actions en haut ou en bas, traduisant respectivement un bien ou une perte pour l'humanité

Cette quête est indubitablement la force de l'initié. Elle est vécue dans la compréhension de ce qui existe en deçà et au-delà de la surface des eaux, dans une recherche aventureuse des intuitions naturellement cachées dans un milieu hostile, humide, obscur et fertile. Elle est formatrice d'un savoir qu'il pressent juste et vrai.

L'initié, véritable Homme cosmique, à ce stade peut discerner dans la beauté du ciel azuré les myriades d'étoiles qui peuplent sa conscience. Il vit sa transcendance par l'acceptation de la dualité tout en sachant que le pavé mosaïque est symboliquement le tremplin pour vivre la Lumière et rechercher un enseignement adapté à sa personnalité.

Peut-il espérer que le savoir seul justifie des actes vrais, c'est-à-dire des constructions au service de ce qu'il y a de bon dans l'Homme et la société qu'il construit ?

Dans le passé, on constate que la plupart des découvertes scientifiques ont, dans un premier temps, été employées à des fins militaires. Elles ont, par la suite, été reprises dans la société civile afin de produire des biens de consommation qui contribuent à l'amélioration du bien-être des peuples.

Malheureusement, la régulation des richesses acquises n'est pas équitable.

Ce qui laisse supposer que l'amélioration du bien-être ne contribue pas nécessairement à promouvoir la coexistence pacifique ni à développer une volonté nouvelle pour respecter les équilibres nécessaires à la survie de la planète.

Les connaissances scientifiques et les actes politiques qui en découlent ont entraîné et continuent d'apporter plus de malheur que de bonheur comme le montre l'histoire humaine depuis la nuit des temps.

Devant ce constat, est-il possible d'envisager que l'Homme éprouve de la difficulté à traduire le savoir en plus-value pour l'humanité ?

Une telle question ne peut se résoudre sans faire référence à la cyclologie des sociétés[2] qui montre des comportements distincts sur le court et le long terme.

Le court terme est le présent. En ce début de millénaire, il est géré par un système économique libéral qui dicte l'organisation de la société humaine et aménage le progrès en fonction des lois du marché.

---

[2]. L'écoulement du temps n'est pas linéaire, l'histoire passant pour obéir éternellement à des cycles immuables amenant un retour périodique de l'humanité face aux mêmes situations, cycles dont la durée varie selon les traditions. La plus répandue et la plus ancienne des conceptions cycliques est la mesure védique du temps en quatre âges, encore développée aujourd'hui dans l'hindouisme et le bouddhisme. Le cycle complet dure 12 000 ans environ et débute par un âge d'or. Puis c'est le déclin qui, en passant par l'âge d'argent puis l'âge de bronze aboutit à l'âge de fer, où triomphe l'ignorance, l'égoïsme et le mal. Puis il y a une purification de l'humanité pour permettre le commencement d'un nouveau cycle, donc un nouvel âge d'or. Cette théorie fut par la suite importée dans le monde gréco-romain par Hésiode, dans Les Travaux et les Jours. Source : André GUERIN, Cyclologie universelle, 4e de couverture, Édit. La Colombe, 1962.

Le long terme obéit à des lois différentes qui n'ont rien à voir avec celles du court terme. Pour les comprendre, il s'agit de ne pas oublier l'histoire des civilisations qui naisse, croisse et meurt.

Existence et essence

L'Existence de l'Homme est analogiquement reliée à l'arbre de la connaissance du bien et du mal tandis que son Essence est en relation symbiotique avec l'arbre de vie symbolisé par le G.A.D.L.U.

L'arbre de vie plonge ses racines dans le cœur de tous les humains afin qu'ils puissent vivre en conscience leur destinée terrestre.

Tout individu doit être conscient que si l'Esprit n'irradie plus le cœur, l'intellect occupe le terrain de la conscience et devient le valet de l'égo. Ce qui permet à terme l'émergence de comportements sociaux où l'orgueil, la vanité, l'égoïsme, le goût du luxe, l'intolérance, la haine du genre humain et le non-respect des diversités sont privilégiés.

De quelle façon ce processus interfère-t-il dans l'Homme ?

En naissant, le nouveau-né est l'expression pure de l'arbre de vie. Il reflète par son innocence la vraie Lumière dont l'intensité diminuera graduellement au contact de la réalité humaine, mais qui ne disparaîtra jamais.

C'est pourquoi l'Homme est naturellement attiré par la vraie Lumière. Jésus l'a confirmé dans

Matthieu, 19, verset 14 en disant : « laissez venir à moi les petits enfants, car le royaume des cieux est pour ceux qui leur ressemblent

En fait la réalité est plus sombre, car les fruits de l'arbre de la Connaissance du bien et du mal ont été consommés ce qui a donné chez l'Homme le jugement et la dualité par la vie et la mort

C'est pourquoi il ne doit jamais oublier qu'il contient au plus profond de sa conscience et dans son cœur un état permanent et sécurisant, garantissant la qualité de l'origine qui s'appelle la Connaissance

Dans ce contexte, l'Homme n'est plus écrasé par la dualité, puisqu'il peut apercevoir l'horizon et deviner au loin sa propre Vérité et une dimension rayonnante, inspiratrice des valeurs de partage et d'amour.

En sachant que la Vérité s'associe à la Lumière. Il pourra privilégier la création pure inspirée par l'arbre de vie et qui s'exprime par des actes sociaux parfaitement équilibrés.

Il pourra aussi, à travers les arts picturaux et musicaux, transformer respectivement la matière colorée en œuvres d'art et les notes en pièces musicales.

L'inspiration demeure nécessaire à la création. La reconnaissance de la Beauté de l'Œuvre[3] n'est pas toujours évidente, car elle dépend d'une perception

---

[3]. Du latin opera « travail » qui est l'objet physique ou virtuel résultant d'un travail.

subjective, laquelle ne représente, en définitive, que la résultante de la transmutation du savoir dont le niveau dépend de la réalisation du ternaire apprendre, comprendre et vivre, appliqué à tous les actes conscients.

Le Maçon connaît ce mystère de la transmutation du savoir vu que son seul trésor, par ailleurs incommunicable, réside dans son vécu initiatique.

Il représente ce que les profanes appellent « le secret maçonnique ». Ce vécu initiatique, clé, d'accès à la Connaissance formatrice d'un charisme maçonnique spécifique, constitue une référence générique qui permet de construire le Temple universel.

Gnose

La Gnose, autrement dit la Sophia perennis[4] qui représente la formulation en langage humain de la tradition primordiale sur laquelle l'Homme doit adosser ses mœurs, permet de transformer les données acquises en valeurs universelles.

Ce passage obligé de l'acquis à la Vérité de la tradition s'effectue le plus souvent lors d'une

---

[4] . Selon Frithjof Schuon, La Sophia perennis, c'est connaître la Vérité totale et, par voie de conséquence, vouloir le Bien et aimer la Beauté ; et cela conformément à cette Vérité, donc en pleine connaissance de cause. La Sophia doctrinale traite du Principe divin d'une part et de sa Manifestation universelle d'autre part : donc de Dieu, du monde et de l'âme, en distinguant dans la Manifestation entre le macrocosme et le microcosme ; ce qui implique que Dieu comporte en lui-même – extrinsèquement tout au moins – des degrés et des modes, c'est-à-dire qu'il tend à se limiter en vue de sa Manifestation.

initiation avec comme finalité souhaitée un retour à l'Unité, par la perte des valeurs analytiques et multiples. Cette méthode inclut une transcendance qui amène l'adepte dans un style de vie respectueux de la diversité et dans une cohérence holistique [5]des valeurs humaines.

Elle constitue la première pierre d'un humanisme universel.

La Gnose est présente en maçonnerie à travers la symbolique de l'étoile flamboyante[6] qui signifie que le savoir est inclus dans la Connaissance et qu'il faut faire confiance à son intuition.

En acceptant cette voie, l'Homme sait qu'il butine dans cette béatitude cosmique subtilement devenue intime et qu'il pourra à terme se libérer des lourdeurs qui entravent son évolution vers la Vérité.

Plus léger, il deviendra un équilibriste qui a comme seule ambition d'élever son niveau de conscience afin de mieux maîtriser ses pulsions

---

[5] . Toutes les approches de la vie ou toutes les techniques thérapeutiques qui prennent en compte la globalité de l'individu. Par exemple, une vision holistique de l'être humain tient compte de ses dimensions physique, mentale, émotionnelle, familiale, sociale, culturelle et spirituelle.

[6] . En traçant l'Etoile Flamboyante, le Maçon unit donc le microcosme au macrocosme. Il se transforme en athanor et, en ouvrant ses cinq sens aux Vérités enfouies au plus profond de lui-même, il éveille l'Ether. Ainsi, par l'opération de l'Ether et des quatre éléments purificateurs, il ouvre l'œil du cœur et il pourra voir l'Etoile Flamboyante se lever en lui. Le Compagnon sait alors qu'il peut s'écarter de la ligne de l'Apprenti dans sa découverte du monde extérieur. Mais il sait aussi qu'il doit savoir revenir à la Règle et suivre toujours sa marche vers l'Etoile. Il accomplit ainsi une étape de son alchimie interne, qui lui permet de s'élever, de mieux voir cette pierre qu'il ne cesse de polir et de prendre un nouveau pas sur le chemin vers la connaissance de soi et l'accomplissement du Grand Œuvre. Source : Loge No. 499 « La Rose de Corail » Grande Loge Nationale Française

duales et d'accepter une relation d'autorité entre la Connaissance et le savoir, hors de toute référence dogmatique

Cette nouvelle liberté de conscience s'affirmera en Loge mais aussi dans la société en privilégiant la générosité, la tolérance et l'enthousiasme de vivre en partageant ses richesses.

Comme Orphée, il ne se retournera plus, et continuera à marcher vers la Lumière.

Enseignements initiatiques

Aujourd'hui, vivre et enseigner cette liberté initiatique suppose un gros effort sur soi-même de par le fait que beaucoup de théories psychanalytiques aiment à découper les mécanismes du psychisme et font croire que tout existe dans une rationalité complexe, mais parfaitement explicable.

Trop de certitudes tuent le désir de vivre en harmonie avec soi-même et les autres. C'est pourquoi l'Homme rejette l'Homme.

Pour éviter un tel enfer, il ne faut pas avoir peur de l'effort, car, à chaque coup donné, correspond une récompense.

L'Homme qui représente le dernier maillon de l'évolution a acquis la conscience d'être et, paradoxalement, le doute d'être. Cette confusion s'exprime avant tout par une mauvaise gestion de l'énergie créatrice manifestée par la sexualité.

Comme tout ce qui appartient à la manifestation sensible, cette énergie obéit à la conscience individuelle, mais aussi à une conscience collective qui lui est supérieure. Il existe donc une cohérence, une sorte de hiérarchie vibratoire à l'instar de celle que connaît la physique ondulatoire.

Avec la liberté de conscience, l'Homme se distingue des animaux, car il peut, par un choix délibéré, transformer l'énergie sexuelle en actes sociaux et en une vie relationnelle intense, authentique tremplin de la Créativité.

Ce travail ne se fera pas avec le seul égo ni par mimétisme. Il s'effectuera dans le cadre d'une initiation permanente de cette énergie avec l'abandon des forces inutiles et la capacité de rassembler ce qui est épars.

Les fruits obtenus lui permettront de devenir un homme encore plus libre, mais avec une responsabilité nouvelle liée à un niveau de conscience supérieur. Il deviendra celui qui vivra pleinement et avec amour les valeurs sociales du groupe, en particulier celles de sa Loge.

Au-delà des actes sociaux qui constituent l'une des composantes de l'énergie créatrice, il existe encore une ultime initiation qui est celle d'Hiram. Ce dernier acte créateur ici-bas se trouve être celui de la libération dans la continuité du cycle. Sa qualité est étroitement liée aux actions entreprises antérieurement.

Conclusion

Cette étude a mis en lumière les mécanismes relationnels entre les connaissances, la Connaissance et le savoir. Pour y parvenir, il a été utilisé les symboles judéo-chrétiens de l'arbre de vie et de l'arbre de la connaissance du bien et du mal.

Permettront-ils pour le moins d'apporter un certain éclairage sur ce propos de Leibniz ? « Pourquoi, y a-t-il quelque chose plutôt que rien ? »

Fraternité et solidarité

« La fraternité a pour résultat de diminuer les inégalités tout en préservant ce qui est précieux dans la différence », Albert Jacquard in Petite philosophie à l'usage des non-philosophes

Fraternité

Selon le Larousse, la Fraternité est un « lien de solidarité qui devrait unir tous les membres de la famille humaine » et la solidarité « un sentiment de devoir moral entre les membres d'une communauté fondée sur l'identité de situation d'intérêt. ».

On note que la solidarité met en évidence un sentiment de devoir moral à savoir l'acceptation d'un ensemble de règles et de conduites considérées comme bonnes de façon absolue ou découlant d'une certaine conception de la vie.

La fraternité est donc consubstantielle à un groupe d'individus voulant assurer la cohésion et l'identité d'une communauté.

N'y aurait-il pas dans ce besoin d'identité communautaire et de sa gestion une affirmation du rejet des autres groupes concurrents ?

La définition de la fraternité exprimée par le Larousse confirme bien que le lien de solidarité doit unir tous les membres de la famille humaine.

Mais la réalité de la vie sociale montre que les individus se regroupent en nations et sociétés, qui, par leurs origines, restent constituées de peuples et d'individus qui ont toujours eu de la peine à cohabiter pacifiquement.

D'autre part, du fait que les idéologies politiques et religieuses, profondément intégrées dans les mentalités des peuples et dans la conscience des individus ont engendré des attitudes guerrières, mais aussi parce que la vie humaine montre que tout reste interdépendant, que le passé souvent rattrape le présent et que la raison est plus la fille de l'instinct que de la synthèse.

Cela a pour conséquence que l'Homme est agité, à l'égal d'un matelot sur un bateau perdu dans la tempête qui ne sait plus quand elle a commencé et quand elle finira ce qui rend plausible sa confusion face aux grands défis de notre temps.

Mais au-delà de cette indétermination existe une unicité qui heureusement apparaît lorsque le bateau navigue dans l'œil du cyclone, dans cet espace de calme absolu qui transforme l'énergie au bénéfice d'une volonté sans faille vers la conquête du Soi.

En Maçonnerie, beaucoup d'énergies sont consacrées pour édifier le Temple universel. Cet effort s'exerce avant tout dans la connaissance de soi, puisque c'est en l'Homme, et en lui seul que réside l'universalité. Celle-ci prendra véritablement du sens lorsque l'enseignement pratiqué dans les Loges portera ses fruits et lorsque les initiations permettront l'émergence d'un état de conscience élargi qui permettra aux Maçons d'insérer leurs pierres dans l'édifice.

Parler de fraternité universelle, c'est d'abord s'intéresser au premier Homme et à sa représentation dans la famille humaine.

Toutes les civilisations ont cherché à comprendre l'origine du monde et de l'apparition de l'Homme.

Au VIe siècle av. J.-C., un poète grec nommé Parménide a qualifié cette recherche par ces mots : « il y a qu'il y a… »

Le progrès scientifique

Les nouvelles connaissances issues de la recherche scientifique ont évincé toutes les pratiques sacrées des peuples animistes anciens du fait que la foudre et les étoiles ont livré leur secret.

Rien ne justifie de continuer à déifier les forces de la nature puisqu'il existe une cohérence scientifique qui satisfait la raison.

Néanmoins, l'âme et l'esprit, composantes implicites de la conscience, restent constitutifs de la notion de spiritualité. L'Homme ne jette plus un regard interrogatif vers un mystère cosmique, mais s'interroge sur une prise de conscience de soi qui engendre le mystère de soi et des autres.

Cette attitude nécessite une relecture des mythes et légendes afin de trouver de nouveaux équilibres plus en rapport avec les dernières découvertes de la psychanalyse et de la psychologie des profondeurs.

Mais au-delà des notions de progrès qui engendrent un égocentrisme toujours plus fort, il reste des valeurs primordiales qui caractérisent la notion de premier Homme.

Androgynie

L'une de celles-ci s'appelle l'androgynie, valeur fondamentale pour la compréhension du sentiment fraternel.

On sait qu'il n'y a pas d'androgynes sur terre. Tout au plus, existe-t-il quelques individus qui ont la malchance de naître hermaphrodites, à savoir de posséder deux sexes distincts dans un même corps et de vivre un véritable calvaire.

L'androgynie, dans cette étude, doit être comprise comme un mythe. Il représente un état irrationnel qui détermine un espace dans la conscience où cohabite une symbiose apaisée des forces constitutives de l'existence matérielle.

Dans la tradition, il est dit qu'au début l'homme et la femme ont un même corps pourvu de deux visages et que Dieu a fait naître l'homme et la femme en faisant don à chacun d'un dos.

Selon le mythe de la Genèse, Ève est née d'une côte d'Adam ce qui confirme l'indifférenciation primordiale.

L'androgynie se retrouve aussi dans l'alchimie puisque la pierre philosophale est appelée Rebis, l'être double qui naît de la fusion de Sol et de Luna, c'est-à-dire, du Soufre et du Mercure.

L'œuvre au Blanc, appelée Rebis [7], demeure autonome et parfaitement pure. Le Rebis est souvent représenté comme l'œuf philosophique des alchimistes ou l'œuf cosmique contenant en essence l'état androgyne dont la partie féminine brandit l'équerre et la partie masculine le compas.

La tradition maçonnique a repris les constituants androgynes de l'œuf cosmique alchimique en intégrant l'équerre et le compas en tant que symboles du premier grade.

On remarque que le tracé à partir de l'équerre donne des angles droits qui mènent naturellement au carré. Par le compas, on peut ensuite dessiner un cercle autour du carré et déterminer une nouvelle figure symbolisant l'androgyne primordial.

Le soleil et la lune situés à l'Orient de part et d'autre du Vénérable Maître donnent analogiquement la direction à suivre, le retour vers l'Un, vers l'androgynie.

---

[7]. « Voilà pourquoi les Philosophes ont appelé la matière de leur bénite pierre : Rebis, qui est un mot latin formé de Res et de Bis, qui est autant à dire une chose deux, nous voulant induire à chercher deux choses, qui ne sont pas deux, mais une seule chose, qu'ils ont nommée Soufre et Mercure ». (Abrégé du Grand Œuvre par Ph. Rouillac, Cordelier).

La tradition chinoise exprime la notion d'androgynie, relative au divin, par le duo complémentaire lumière et obscurité.

L'Être originel naît androgyne avant de recevoir sa polarité, à savoir, avant que l'œuf primordial ne se casse en deux moitiés et exprime les notions complémentaires mâles et femelles, ciel et terre, Yang et Yin. Le Yin et Yang à l'instar de l'Adam de la Genèse représentent cette indispensable fusion des principes complémentaires associés à la notion de liberté, condition nécessaire pour parcourir les chemins qui mènent à l'œuf cosmique et au retour à l'Unité

Il en est de même dans la tradition maçonnique puisque le Maçon, par la pratique des rituels, pourra élargir son champ de conscience et découvrir au loin, du côté de l'Orient, le Soleil, la Lune et le Delta lumineux qui symbolisent l'Unité de toutes choses.

En résumé, l'androgynie, pour autant qu'elle soit comprise comme un mythe ou d'une manière symbolique, qualifie une origine primordiale où existe un état indifférencié, générateur d'énergie fraternelle que tout initié recherchera pour enrichir sa vie sociale.

Philosophies maçonniques

Tous les chemins ne mènent pas sur les cimes, mais le sommet de la montagne reste toujours présent dans chaque Homme en dépit du vécu et du karma.

Pour autant, le besoin de marcher en direction de ce point culminant reste pour tout en chacun tributaire d'une composante culturelle spécifique.

La première est constituée par le matérialiste, souvent agnostique, et adversaire convaincu de la métaphysique qui cherche la Vérité dans la réalité visible plutôt que dans les concepts spirituels ou ésotériques.

Il trouve des pirouettes intellectuelles et privilégie la raison raisonnante qui apporte des explications et qui élude les problèmes atypiques.

Pour lui, le hasard détermine la cohérence en attendant mieux. Son attitude envers les autres est difficile, car, il donne force à une logique de conflit, pour mieux identifier le vainqueur du vaincu.

Son sentiment de fraternité apparait souvent très fort, mais il demeure défensif, car appliqué unilatéralement à ce qu'il juge conforme à sa raison.

L'universalité fraternelle reste souvent absente, mais peut se développer dans une logique comportementale s'inspirant d'une cohérence philosophique.

La deuxième composante est le théologien qui trouve une réponse à ses angoisses métaphysiques dans les textes sacrés de la Bible, du Coran ou de la Thora pour ne parler que des religions monothéistes.

Son comportement sociétal est dicté par la croyance en un Dieu unique et révélé régi par un dogme qui exclut les autres philosophies du salut, quel que soit le contenu universel de leurs textes sacrés.

Une expression forte comme « aimez-vous les uns les autres » donne sa pleine mesure dans la communauté chrétienne. Pour qu'elle trouve une valeur universelle, ne doit-elle pas être élargie à la famille humaine par la conversion de tous au dogme chrétien ?

Cette attitude pose un vrai problème pour tous ceux qui réprouvent les propositions dogmatiques.

La troisième composante est le spiritualiste qui cherche le plus souvent dans la Tradition ésotérique les réponses à sa spiritualité. Son comportement premier est de donner du sens aux symboles proposés par la Tradition et de trouver une voie personnelle qui l'engage à chercher inlassablement sa propre dignité pour mieux respecter celle des autres.

Son devoir est de rendre intelligible l'invisible afin de transmettre la Vérité aux générations futures

Les trois courants de pensée qui ont été évoqués se retrouvent dans la Maçonnerie.

Le Grand Orient de France est l'exemple d'un courant de pensée rationaliste et agnostique tandis que les Loges régulières sont d'inspiration théiste ou déiste par la reconnaissance constitutive du G.A.D.L.U.

L'initiation qui unit indifféremment chaque Maçon donne à la fois la qualité de Frère et la reconnaissance d'un sentiment fraternel.

Ce dernier s'exprimera distinctement selon la densité des courants de pensée et sera fonction de la famille culturelle et spirituelle du Frère (agnostique, théiste ou déiste) et du rite pratiqué dans sa loge (R.E.A.A., R.E.R., Français, Memphis Misraïm, etc.).

La Maçonnerie possède de nombreux rituels du fait que les hommes sont multiples dans leurs conceptions philosophiques et religieuses. Chaque rituel a comme objectif essentiel d'assurer une progression initiatique de l'impétrant vers la recherche de la Vérité.

Mais au-delà du choix de la Loge, il demeure nécessaire qu'un sentiment fraternel, véritable ciment de l'architecture du rituel accompagne la progression du nouveau Frère.

Rien ne pourra s'accomplir et s'assembler sans lui, quelle que soit la volonté intellectuelle d'un candidat ou des membres d'une Loge.

Sentiment fraternel

Quelle est l'origine du sentiment fraternel ?

« Nous sommes tous des Frères », dit le Vénérable Maître. Par cette déclaration ne qualifiet-il pas le sens communautaire d'une Loge tout en définissant magistralement le sentiment fraternel ?

Toute la difficulté de la démarche initiatique est de savoir comment ce sentiment pourra être vécu par un Frère nouvellement initié. Cette interrogation est importante compte tenu du fait que l'impétrant doit s'insérer dans une structure psychique encore inconnue, s'accepter dans une démarche initiatique pleine de mystères, partager ses doutes et ses joies dans un contexte méditatif et, finalement, s'identifier à ses Frères et aimer ce Frère (c'est à dire lui-même) qu'il devient par sa propre volonté ?

Parallèlement, il doit ressentir le sens communautaire de la Loge, s'intéresser à son activité, participer aux décisions et aimer ses Frères.

Enfin, il doit appréhender le sens de la famille humaine en général et tout faire pour que le sentiment fraternel s'exprime dans la vie profane.

Son secret espoir réside dans la certitude de vivre sur la bonne voie qui mène vers la source d'où jaillit la Vérité.

Mais parfois, rien ne se passe comme prévu.

L'échec apparaît au bout du chemin et pourquoi ?

Éros et Agape

Le théologien Anders Nygre[8] a remarquablement distingué l'amour Éros de l'amour agape, dans son

---

[8] . Erôs et Agapè, Anders Nygren, Edit. Du Cerf. La notion chrétienne de l'amour et de ses transformations.

ouvrage portant un titre éponyme. Son analyse permettra de bien distinguer ce qui parfois fait problème avec le sentiment fraternel.

L'éros est un désir, une aspiration, une faim qui fait convoiter ce qui manque. Amour et valeur sont dans ce cas étroitement liés.

Dans la mythologie grecque, l'Homme vivant l'amour Éros cherche à se faire reconnaître des dieux parce qu'ils incarnent à ses yeux la valeur suprême. Mais les dieux ne sont pas intéressés outre mesure par les humains, car ils vivent sans se laisser troubler par le désir ou la nécessité.

Cela a pour conséquence que l'amour Éros chez l'Homme s'exprime de bas en haut, c'est-à-dire dans une recherche constante d'une reconnaissance par les dieux. L'amour est intéressé puisqu'il s'adresse aux dieux et doit se mériter. Il s'exprime par l'amitié, car l'ami doit mériter l'amour qu'on lui porte. Toute défaillance de l'ami rompt cette amitié et donc le rapport aux dieux.

Dans l'autre conception, l'amour agape va du Haut vers le Bas, de Dieu vers l'Homme. Il aime sans tenir compte de la valeur, d'une manière spontanée et immotivée.

Dans ce cas de figure, Dieu aime toutes ses créatures sans limites et ne réserve pas seulement son amour aux justes, à ceux qui font du bien, mais il s'adresse à tous, aux justes, aux injustes, aux bons et aux méchants. Il supporte le refus, l'ingratitude.

———————————

Cette conception de l'amour agape est vécue pleinement parce que le Christ est mort sur la croix pour sauver l'Homme sur cette terre.

En se sacrifiant, le fils de Dieu pardonne les péchés. Un tel acte engendre naturellement l'amour du prochain et le sentiment fraternel.

Aimer sans raison son prochain, ses ennemis, son Frère et par suite la famille humaine est la voie qui mène à un comportement social respectueux des diversités.

La voie initiatique maçonnique propose au néophyte d'aimer à la fois ses Frères et de rechercher en lui-même la Vérité, en fait de vivre l'amour agape en toutes occasions, attitude pouvant aller jusqu'à verser son sang et sacrifier sa vie pour un Frère en difficulté.

Cette démarche nécessite beaucoup d'humilité, de persévérance et de patience, afin d'éviter de créer des confusions, puisqu'en tout temps un choix peut être fait entre l'amour agape et l'amour Éros.

Dans la conception matérialiste du destin humain spécifique au système libéral occidental dit de progrès infini, l'amour agape n'apporte aucune valeur particulière. Au contraire, elle tend à contrarier l'objectif premier, qui consiste à toujours plus enrichir quelques privilégiés au profit de l'amour Éros, puisque le mérite est de récompenser et de distinguer le plus fort en exploitant tous les autres.

Deux-mille ans plus tard, on retrouve la même conception policée de la spiritualité grecque, qui accordait des droits distincts aux élites et aux serviteurs, d'un côté, les nantis actionnaires recherchaient une béatitude infinie dans le but d'être reconnus des dieux, représentés aujourd'hui par le capital, de l'autre côté, les esclaves salariés, assujettis corps et âme à leur maître, et n'intéressaient pas les dieux, car dépourvus de valeur propre.

Depuis le début du vingtième siècle, le libéralisme n'a pas trop montré son caractère esclavagiste vu qu'il devait se méfier d'un socialisme prôné par l'idéologie communiste. Mais après la chute du mur de Berlin, le libéralisme peut régner sans partage et retrouver les vertus de l'amour Éros.

D'autre part, le développement technique amplifie ce phénomène en accentuant l'individuation de chacun. Il est en effet intéressant de noter que plus les besoins de base d'un individu sont réalisés, plus ce dernier devient égoïste et peu fraternel vis-à-vis de ses semblables.

Il s'ensuit que la majorité d'entre eux pratique une solidarité indirecte c'est-à-dire, qu'il privilégie une action impersonnelle, par le paiement d'un chèque à une institution, par exemple, au lieu de réaliser un projet spécifique en tant que membre actif d'une association caritative.

La démarche maçonnique consiste à comprendre de quelle façon l'amour Éros et l'amour agape s'articulent dans les rituels.

Lorsque le Vénérable Maître ouvre les travaux en salle humide, en invitant les Frères à pratiquer la fraternité par l'harmonie, il indique que l'amour agape, fondement de l'amour fraternel, doit être inconditionnel, sans jugement pour les actes passés tels que défini plus haut.

En faisant suivre le mot fraternité par celui de l'harmonie, il enseigne qu'il existe dans l'Homme des forces antagonistes blanches et noires, souvent dissonantes et mal ordonnées, formatrices d'attitudes conflictuelles.

L'harmonie ou l'état androgyne est la seule voie qui donne du sens à la fraternité. En effet, comment imaginer pratiquer une démarche fraternelle en gardant à l'esprit un sentiment de haine envers autrui en général ou d'un Frère en particulier ?

Le paradoxe chez l'Homme reste entier puisque tout en étant libre il acquiert la possibilité de définir une fraternité à la carte et même de lui trouver une universalité subjective, contrairement à la nature des choses qui stipule que l'harmonie remet tout à plat et casse l'édifice de la raison si minutieusement et patiemment construit et accepté.

Le rituel maçonnique est alors une des voies qui proposent de reconnaître la fraternité, afin qu'elle satisfasse à nouveau une morale fraternelle comprise par l'ensemble de la famille humaine.

Une telle attitude présuppose évidemment le rejet de toutes considérations militaristes. En effet, comment concilier conjointement l'amour du genre humain et sa destruction ?

Le Maçon doit être clair dans ses objectifs et ne peut pas cautionner deux attitudes antagonistes même si la raison d'État le demande.

Dans les rituels maçonniques, il est dit qu'il faut fuir les méchants. Il n'est jamais affirmé qu'il faut les tuer. Chaque Maçon en son âme et conscience ne peut rester indifférent dans ce genre de conflit. À lui de trouver les actions qui lui permettront d'être cohérent vis-à-vis de ses engagements citoyens et des serments maçonniques. De même, les obédiences peuvent se mettre en sommeil ou pas.

La démarche reste identique en ce qui concerne la Loge et chaque fois qu'un Frère a un comportement peu fraternel, il faut lui rappeler ses engagements et lui demander de retrouver le sens profond de son initiation et les vertus de l'amour agape, car une Loge n'est que la représentation de l'ensemble de ses Frères. Il suffit d'un seul maillon faible pour que la chaîne d'union perde sa puissance spirituelle.

Rôle de la Loge maçonnique

Que propose la Loge pour vivre activement cette fraternité universelle ?

Tout d'abord, elle crée et constitue des Maçons. Ensuite, elle s'assure que l'enseignement est suivi, puis elle propose un espace de communion fraternelle qui apaise les douleurs du monde profane. C'est dans cette dimension spatiotemporelle sacrée que l'androgynie devient la source d'énergie fraternelle qui permet à tous les Frères d'affronter dans la joie et sans peur la réalité du monde profane.

Ainsi chaque Frère ne restera pas esclave de sa pulsion égoïste et pourra boire, par la fréquentation régulière de sa Loge, à la source du sens pour affronter cet abîme de complexité qu'est devenu la société humaine dans sa gestion du progrès technique.

Les Loges maçonniques au XVIIIe siècle comprenaient de nombreux Frères d'origine aristocratiques, bien placés dans la société civile, ayant la confiance du roi. Ils ont pourtant manifesté l'intention de partager leur idéal avec d'autres Frères provenant de milieux plus modestes. Ils ont ainsi transmis cet élan égalitaire initiatique qui respecte la personnalité de chacun tout en lui insufflant un esprit chevaleresque. Par leurs actions, ils ont été les précurseurs de la démocratie et d'une fraternité, où l'intelligence du cœur a prédominé sur les intérêts corporatifs.

Il faut encore plus au XXIe siècle que par le passé donner un cadre de vie qui corresponde aux besoins de l'Homme en définissant les rapports entre le temporel et le spirituel dans la cité.

Le Maçon peut parfaitement les représenter et être cette arche d'alliance, sublime symbole des vertus chevaleresques et véritable pont entre le Haut et le Bas.

La Loge, dans cette optique, demeure le lieu de fermentation où s'exprime cette continuité chevaleresque, où les devoirs sont naturellement associés à la communauté et les droits à l'amélioration qualitative de la personnalité.

La structure d'une Loge permet à chacun d'exprimer et de développer ses capacités propres et de faire valoir ses mérites sans flatteries aucunes, car l'objectif final est d'acquérir suffisamment de force morale pour travailler avec joie dans la société profane, en défendant les principes démocratiques.

Les Maçons sont fiers d'appartenir à une société qui a décidé de transmettre un tel état esprit aux générations futures. Mais ils savent qu'il ne faut pas introduire des notions morales qui pourraient contrarier l'expansion naturelle du sentiment fraternel.

Aujourd'hui, il demeure tentant de considérer l'Homme comme un produit asservi à un système économique et de l'aspirer, au nom de la modernité et du progrès, vers la négation de sa liberté principielle afin qu'il devienne un jeune loup au service d'une caste financière.

La reconnaissance du mérite associée à la seule force du pouvoir est contraire à l'idéal maçonnique et ne peut mener qu'à des actions n'apportant que ruines et pleurs. Le Maçon demeure un constructeur qui doit insérer sa pierre dans un édifice reconnu par tous. Tel est son crédo.

La morale maçonnique est complexe, car elle nécessite une adaptation permanente des pulsions duales, au service d'un altruisme universel. C'est au nom de cette complexité que la tolérance dérange ;

mais elle reste nécessaire, car elle gère la communication entre les différents niveaux de conscience.

Sans elle, rien ne pourrait être créé au service de l'Homme, compte tenu de sa diversité caractérologique. Elle représente une valeur essentielle qui permet d'arpenter les chemins vicinaux de la connaissance dans une reconnaissance fraternelle respectueuse des mérites de chacun.

Adéquation avec le monde profane

Il y a donc une inadéquation entre les objectifs du monde moderne et ceux que l'Homme souhaite vivre en général. Cela pose un vrai dilemme pour le Maçon engagé dans le monde du travail. La discrimination par la recherche du plus fort et du plus qualifié engendre évidemment l'exclusion des moins performants.

Est-il acceptable d'un point de vue maçonnique qu'il se crée deux castes qui s'opposent ?

En Maçonnerie, on dit qu'il faut choisir la ligne médiane des carrés blancs et noirs du pavé mosaïque pour avancer. Ce choix est nécessairement celui du Maçon, mais ne devrait-il pas être aussi celui de tout individu responsable ?

Jérémy Bentham[9] était un philosophe qui avait accepté cette démarche. Il a développé l'utilitarisme,

---

[9] . A Fragment on government, pamphlet de Jeremy Bentham, fin du XIXe siècle.

tentative très intéressante d'organiser une société en ce qui concerne la maximisation des utilités au service de tous. Son crédo est que les hommes sont gouvernés par deux maîtres, le plaisir et la douleur et qu'ils tentent naturellement d'accéder au premier et d'éviter le second.

Bentham part du principe que chaque individu préfère voir ses buts, ses idéaux, ses désirs réalisés plutôt que frustrés. Il est donc normal d'un point de vue moral d'aider les autres afin qu'ils puissent atteindre ce dont ils ont besoin.

D'autre part, chaque désir, chaque besoin valent indépendamment de leur valeur morale ou éthique.

Dans un tel système, l'état doit évidemment intervenir en tant que gestionnaire du plaisir et du bonheur de chacun. Il doit réguler les dysfonctionnements des lois du marché par la création d'activités au service des plus démunis. Il doit intervenir dans les crises économiques pour identifier et satisfaire les besoins de chacun.

Le monde politique n'a de sens que parce qu'il est le gestionnaire du bonheur des citoyens et non pas le valet inconditionnel d'un système commercial d'échange. Il doit créer des lois afin de satisfaire les besoins de tous pour le plaisir de vivre plutôt que la souffrance d'exister. Dans la tradition utilitariste, le transfert de richesse des riches vers les pauvres augmente l'utilité de l'ensemble.

Cette théorie semble donc très proche de la conception maçonnique de la construction du Temple universel puisqu'elle cherche à satisfaire les besoins de l'ensemble des citoyens dans un concept égalitaire tout en respectant les diversités professionnelles, culturelles, éthiques et spirituelles. Elle reste une tentative vraiment cohérente pour traduire rationnellement le commandement : « Aime ton prochain comme toi-même », donnant ainsi un cadre rationnel à l'altruisme et à la construction de l'état moderne et égalitaire.

Cette méthode n'a pas pu s'implanter dans son intégralité, car les peuples et les nations ne génèrent pas spontanément un sentiment fraternel universel.

Chaque pays puise dans son histoire les raisons d'une discrimination sélective. Aucune morale altruiste ne naîtra d'une révolution sanglante, quels qu'en soient les beaux principes. Ainsi, la Liberté ne peut jaillir sur le dos de millions d'innocents sacrifiés en son nom, l'Égalité ne perdure pas dans la purification ethnique et la Fraternité n'apparaît pas sans spiritualité.

Malgré les extraordinaires succès du progrès scientifique, le vingtième siècle a été le plus sanglant de l'histoire de l'humanité. Il y a donc une inadéquation violente entre la notion de progrès et la vie communautaire.

Conclusion

De même qu'une Loge demeure un microcosme de la société, elle représente aussi un lieu sacré où les Maçons peuvent avoir les pieds sur Terre et la tête dans les Étoiles. Ils apprennent à vivre libres en ayant l'intime conviction d'appartenir à une seule et même conscience collective.

La Terre est issue du Ciel et chaque être naît pour vivre les vertus du Ciel, mais le Ciel n'a pas besoin d'aide. La fraternité permet avant tout de réaliser les efforts au service d'une vie communautaire harmonieuse.

Vivre ensemble exige un savoir particulier dont la résultante première est l'existence de liens de solidarités pour assurer la cohésion et la pérennité de cette conscience collective.

Le Maçon sait que les civilisations ne disparaissent pas à cause du Ciel, mais par l'attitude des hommes. Son travail est sans relâche au service du perfectionnement de l'Homme, afin d'élargir son niveau de conscience et de responsabilité pour que l'Œuvre en construction respecte la cohérence voulue par le G.A.D.L.U.

Mais ce hiatus entre progrès et vie communautaire ne semble pas inéluctable. En effet, le progrès ne peut pas être isolé du contexte politique, culturel, économique et spirituel. De même, l'Histoire des hommes ne peut pas être dissociée d'un état d'esprit qui rompt les déterminismes de la matière, en établissant des rapports étroits entre le spirituel et le temporel.

La Maçonnerie lutte contre tous ceux qui veulent réduire la liberté à l'esclavage. Pour ce faire, elle privilégie l'esprit, le cœur et le caractère pour qu'il n'existe qu'une seule famille humaine unie par la fraternité.

Pour se faire comprendre, elle doit aider les faibles, soulager ceux qui souffrent, combattre l'injustice, la misère, l'ignorance et prêcher inlassablement les vertus du cœur.

Elle ne vit que par l'Homme et ne sera jamais le jouet d'une machine ou d'un concept, fut-il le plus performant ou le plus à la mode. Sa matière première reste l'Amour, seule énergie divine qui rappelle que l'Homme doit aimer la vie et en comprendre ses arcanes.

C'est dans un tel état d'esprit que les Maçons continueront à exister dans la modernité tout en vivant les symboles issus de la Tradition.

Le catharisme

Son histoire, ses principes et la Maçonnerie

« La véritable vertu ne consiste pas à vouloir être au plus haut, ou à prétendre y être, mais à essayer de connaître et d'admettre humblement ce que l'on est véritablement », **Parole cathare**

Introduction

Dans l'Europe médiévale du XIe au XIIIe siècle s'est développé un vaste mouvement fraternel et évangélique appelé le catharisme qui a profondément marqué les structures sociales des populations vivant dans le sud de la France, l'Italie du Nord ainsi qu'en Allemagne.

Le dualisme d'inspiration gnostique et les mœurs prônées par ce mouvement étaient fondamentalement distincts de la pratique religieuse des prêtres et des dogmes de l'Église catholique. Devant le succès populaire toujours grandissant de l'église cathare auprès des populations languedociennes et suite à l'impossibilité des prêtres catholiques d'enrayer la ferveur des nouveaux croyants, le pape innocent III entreprit, en 1209, d'éradiquer cette église par l'intervention de l'armée et par l'instauration de tribunaux ecclésiastiques. La victoire fut totale puisque dès le XIVe siècle l'église cathare n'existe plus en tant qu'institution.

Par contre, la philosophie et les principes de leur doctrine ont toujours fait l'objet d'études dans les milieux maçonniques, rosicruciens et martinistes. Ainsi, la parcelle de vérité universelle contenue dans la métaphysique cathare a traversé les temps et tel le phénix qui renaît de ses cendres, rejaillit aujourd'hui avec force, à l'aube du troisième millénaire, pour interroger encore plus sur le sens de la création et de la gnose, mais aussi pour affirmer qu'il est impossible de cacher la Vérité, par la force, à celui qui la cherche.

L'étude de la doctrine des cathares s'appuiera très succinctement sur quelques textes liturgiques tirés du livre des deux principes[10], ouvrage, qui fut rédigé en latin vers 1250 par le docteur cathare Jean de Lugio et ses disciples de Bergame. Ces extraits qui ont été traduits en français, dans l'excellent livre de Jean Blum, « Mystères et Message des cathares » mettent en évidence les finesses intellectuelles dont a fait preuve Jean de Lugio, pour

---

[10]. Original entreposé à la Bibliothèque de Florence. Titre en latin « Liber de duobus principiis » Déodat Roché en a donné une traduction presque complète dans « L'Église romaine et les Cathares Albigeois » Source : Mystère et message des cathares, Jean Blum, p. 189, Édit. du Rocher, Jean-Paul Bertrand Editeur, 1993

expliquer les principes du dualisme radical et mitigé aux docteurs de l'Église catholique.

Les écrits liturgiques cathares datant du XIIe siècle sont vraiment rares et mis à part le livre cité plus haut, il n'existe tout au plus qu'un traité anonyme dit de Bartholomé[11] rédigé au Languedoc au début de XIIIe siècle, de 25 ans antérieurs au « Livre des deux principes » dont l'auteur fut peut-être le Parfait Barthélemy de Carcassonne et quelques Apocryphes, d'inspiration chrétienne, employée par les cathares comme écrits canoniques qui sont : La Vision d'Isaïe[12]et la Cène secrète[13] ou Interrogation de Jean ainsi que L'Évangile de Jean utilisé par les Parfaits lors de l'administration du Consolamentum[14].

---

[11] . Traité trouvé à Prague. Style et finalité comparable au livre des deux principes. Source : La religion cathare, Michel Roquebert, p. 2 et 3, Edit. Loubatières, 1997

[12] . Ecrit au Ier siècle. Il est issu de l'école de Qumran ou d'Alexandrie. Utilisé par les chrétiens gnostiques et par Origène. Mis à l'index par Rome. Utilisé par les cathares de l'an Mil au XIVe siècle. Source : la voie cathare, Bertrand de la Farge, Diffusion Rosicrucienne, 2000

[13] . Apocryphe de saint Jean rédigé sur le mode d'un conte mystique. Jésus dévoile à son disciple la part revenant à Satan dans la création matérielle. Un original est conservé à la bibliothèque municipale de Carcassonne.

[14] . Le Consolamentum consiste en une pratique rituelle attribuée aux « hérétiques » cathares. Ce rite nous est surtout connu par des textes « antihérétiques » d'origine catholique. Le déroulement de la cérémonie varie suivant les sources. Il est communément ainsi décrit : « Tenant le livre des évangiles dans ses mains, le célébrant exhorte celui ou ceux qui viennent recevoir le Consolamentum à placer toute leur foi et l'espérance de salut de leur(s) âme(s) en Dieu et dans ce Consolamentum. Et ainsi après qu'on eut posé le livre sur leur tête, ils disent sept fois la prière du Seigneur. En suite le célébrant lit devant tous l'évangile de Saint-Jean, depuis « Au commencement … » Jusqu'au passage qui dit « la grâce et la Vérité sont venues par Jésus-Christ ». Ainsi se termine le Consolamentum.

Les cathares considéraient l'apôtre Jean comme le disciple privilégié, celui que le Maître avait initié aux mystères. Cette parenté à Jean existe dans la Maçonnerie puisque dans le rituel du premier degré de la Loge Fidélité & Prudence il est écrit : « Saint-Jean l'évangéliste, disciple du Maître est celui qui a rendu témoignage de la Vérité et qui a été choisi pour transmettre aux hommes l'Évangile de l'Amour, et il est enfin considéré comme un initié parfait ».

Il existe aussi des ouvrages de controverses datant de cette époque par lesquels les théologiens catholiques analysaient et tentaient de désavouer le catharisme.

Enfin, il subsiste un dernier groupe de documents qui rassemblent les archives judiciaires des interrogatoires conduits par l'Inquisition [15] (7000 dépositions conservées concernant mille Parfaits et quelque 40.000 croyants cathares). Ces procès-verbaux judiciaires ont permis de mieux comprendre l'acharnement du clergé catholique pour éradiquer le catharisme, en particulier les structures préventives et punitives ainsi que les règlements appropriés qu'édicta le cardinal légat romain de

---

[15] . Citons le Registre d'Inquisition de Jacques Fournier, Pape et Inquisiteur. Cistercien, abbé de Fontfroide, Evêque de Pâmiers, cardinal, avare, cynique, méticuleux, connu sous le nom de Benoit XII – 197e Pape. Notons qu'avec son ami inquisiteur Bernard Gui, il a torturé, traqué et brûlé les cathares et les vaudois pendant 8 ans. Source : la voie cathare, Bertrand de la Farge, Diffusion Rosicrucienne, 2000

Saint-Ange en 1229 pour extirper une fois pour toutes l'« hérésie cathare ».

À la lecture de ces textes, il sera plus facile de comprendre la mentalité de l'époque.

Il est important de relever que le déficit de textes doctrinaires sur le catharisme a ouvert, chez de nombreux exégètes fort érudits comme René Nelli[16] ou Déodat Roché[17] les portes de l'imaginaire. Il s'ensuit que pour un néophyte, l'essence originelle du message cathare est souvent difficile à retrouver dans la littérature contemporaine, puisqu'il est presque toujours brouillé avec les développements intellectuels des auteurs. Dans ce chapitre, il sera étudié le dualisme cathare en se basant sur trois textes tirés du « Livre des deux principes ».

Cependant, pour enrichir la réflexion, on établira chaque fois que c'est possible des analogies avec le symbolisme maçonnique, ce qui enrichira la dimension traditionnelle de la gnose cathare en relation avec l'universalisme des arcanes maçonniques.

---

[16]. Philosophe, poète et érudit originaire de Carcassonne. (1906-1982). Il fut l'âme du renouveau des études cathares en France. Il fonda en 1945 l'institut d'études occitanes (IEO). Bibliographie : le phénomène cathare (1962), la philosophie du catharisme (1975)

[17]. Ancien magistrat, conseiller général et Maçon. (1877-1978) né et mort à Arques (Aude). Il reste l'emblème d'un renouveau d'intérêt contestable, mais sincère pour le catharisme mêlant histoire, recherche spirituelle et ésotérisme. Il fonde en 1949 « La société du souvenir et des études cathares ». Elle publie plusieurs livres où elle entreprend des recherches sur la quête du manichéisme antique, à travers le catharisme qui est lui-même interprété par l'anthroposophie du Rudolf Steiner.

Origine

La civilisation occitane qui s'étendait sur le sud de la France, le nord-est de l'Espagne et l'extrême Nord-ouest de l'Italie était prospère. Cette région fut de tout temps un lieu de passage important qui a recueilli de nombreux vestiges des peuples qui l'ont occupée : (Visigoths de 413-507, Francs de 507 à 719, Arabes jusqu'en 768, puis enfin les Ibères). Ce mélange des cultures a ouvert les esprits, enrichi la pensée et les modes de réflexion et contribué à l'instauration d'un esprit languedocien typique et rebelle à toute ingérence royale capétienne. Toulouse, principale ville de l'Occitanie, était au XIIe siècle aussi importante que Venise et Marseille. Ainsi devint-elle la capitale d'une véritable dynastie languedocienne, celle des Ramon, qui était soucieuse de son indépendance et ne cachait pas une inclination naturelle pour le roi d'Aragon. Cette sympathie excitera, la convoitise des rois de France sur le comté de Toulouse et sur l'ensemble du Pays d'oc.

La langue d'oc médiévale fut un ferment d'union très important. De nombreux troubadours la chantaient dans le pays, mais également bien au-delà des frontières, contribuant ainsi à la renommée de cette région. Le roi d'Aragon ainsi que l'empereur d'Allemagne aimaient parler cette langue, afin d'attester la qualité de leur culture. Le pays était prospère, mais avec une seule ombre au tableau : le clergé était corrompu et la foi catholique peu vivante. Le peuple ne fréquentait plus les églises comme l'atteste une lettre écrite par Saint Bernard. Venu en Languedoc, il décrivait ainsi la situation au Pape, en 1145 : « les basiliques sont sans fidèles…, les prêtres sans honneur… les hommes vivent dans le péché… on prive les enfants de la vie en Christ en leur refusant le baptême ».

Dominique, fondateur en 1215 de l'ordre des Frères prêcheurs (ordre des Dominicains) fut le premier a constater, en 1205, à l'âge de 35 ans, sur le chemin du retour vers l'Espagne, après une mission à Rome, combien les Revêtus étaient populaires. Il comprit que ce succès provenait d'une réelle humilité sociétale qui leur permettait d'être intégrés par la population.

Dominique décida de rester en Languedoc, afin de prêcher à la mode cathare. Il allait ainsi, pieds nus, de ville en ville, vêtu de hardes et mendiant sa nourriture. Il haranguait les populations sur les places de villages et participait à de nombreux débats contradictoires avec des Revêtus cathares.

Mais il eut très peu de succès. La raison principale était qu'il y avait une inadéquation comportementale fondamentale entre les prédicateurs cathares qui mettaient en harmonie, leurs convictions religieuses et leur vécu, et le clergé qui vivait dans l'abondance et la luxure tout en prêchant l'humilité sociale, sans la pratiquer.

Le cas de Dominique est bien sûr particulier, car, bien qu'il eût choisi de vivre dans la pauvreté, son discours était intolérant et sous-entendait une menace latente : l'excommunication

En 1208, une année avant la levée de la croisade contre les Albigeois, harassé et déprimé il déclara ces phrases prémonitoires et terribles lors d'un sermon donné à Prouille : « j'ai supplié, j'ai pleuré… voici que nous exciterons contre vous les princes et les prélats et ceux-ci, hélas convoquerons nations et peuples et un grand nombre périra par le glaive. Les tours seront détruites, les murailles renversées et vous serez réduits en servitude. C'est ainsi que prévaudra la force là où la douceur aura échoué ».

Mais qui sont vraiment ces cathares que le peuple nommât d'une façon générale Bons Hommes ou Bonnes femmes ou encore vrai chrétien ou Ami de Dieu ?

C'est vers 1100 que l'on commence à rencontrer en Allemagne, en Lombardie, en Suisse, en Bosnie et surtout dans le Languedoc des personnages vêtus de noir cheminant toujours par deux. Ils participent à la vie du peuple, travaillent et pratiquent une fraternité exemplaire, partagent les peines et les soucis des petites gens, prêchent des idées nouvelles sur l'Évangile de Jean.

Ils sont très bien reçus par la population et commencent à occuper le terrain spirituel perdu par le clergé catholique. Leurs pratiques religieuses sont fondamentalement distinctes de celles des catholiques.

Les Parfaits [18] ou Revêtus appelés ainsi parce qu'ils avaient reçu le Consolamentum étaient très exigeants pour eux-mêmes, mais laissaient les Croyants juges de leur propre chemin. Ils ne portaient aucun jugement sur la qualité spirituelle des gens qui adhéraient à leurs idées et exigeaient simplement de celui qui a la foi, d'aspirer à la vertu et d'écouter les prédications des Parfaits.

D'autre part, les simples croyants pouvaient mener une vie normale, mais s'engageaient à recevoir le Consolamentum s'ils se trouvaient en péril de mort. Il n'y avait aucun office obligatoire, ni de distinctions dans la vie religieuse comme dans la vie civile ni de mariages obligatoires pour ceux qui voulaient unir leur destinée et fonder une famille. Ils ne prélevaient aucun argent. Ils ne faisaient aucune discrimination entre l'Homme et la femme.

Enfin, l'église cathare divisée en évêchés n'exerçait aucun pouvoir temporel, ne possédait pas de bien foncier ni de tutelle d'ordre social et économique et n'a créé ni couvents ni ordres monastiques.

Pour toutes ces raisons, mais aussi parce que la terre d'Oc avait été touchée par l'arianisme [19] le

---

[18]. Le terme Parfait apparaît que dans les comptes-rendus de l'Inquisition de 1232 sous l'expression « Parfaits Hérétiques » en remplacement de l'appellation première qui étaient : « Manichéens des temps modernes ».

[19]. L'arianisme est un courant de pensée qui s'est manifesté au début du christianisme. Il est dû au théologien alexandrin de langue grecque Arius (256-336). L'École théologique d'Antioche défend en particulier le concept selon lequel la divinité du Très-Haut est supérieure à celle de son fils fait homme.

dualisme gnostique cathare qui innocente Dieu du Mal n'a pas été rejeté par la population comme ce fut le cas en Suisse et en Allemagne.

La noblesse languedocienne très jalouse de son indépendance a donc accepté ces nouveaux missionnaires, car ils correspondaient à leurs intérêts politiques, puisqu'ils ne revendiquaient aucun pouvoir temporel, ni argent et qu'ils gênaient l'Église catholique et indirectement les intérêts de la couronne de France, qui n'a jamais caché vouloir s'approprier le Languedoc.

L'extraordinaire succès populaire de l'église des Amis de Dieu dans le Languedoc pose un vrai problème à l'Église romaine, car les cathares utilisent les mêmes outils pour parler de Dieu (Évangile de Jean, référence à Jésus), mais sans reconnaissance légale pontificale et surtout en condamnant tout le culte chrétien : les sept sacrements[20], l'adoration des images du crucifix et des reliques. La difficulté était encore accentuée par le fait que les Parfaits et Parfaites ne payaient pas la dîme à une Église qu'ils considéraient comme étant l'œuvre du Diable puisqu'adorant le Dieu de la genèse elle adorait le créateur du monde visible.

---

[20] . Surtout « L'eucharistie ». Le pape Alexandre III inventa la théorie de la transsubstantiation en 1154. C'est Innocent III le pape de la croisade contre les Albigeois qui en imposa le dogme en 1215 au concile de Latran V. Cette théorie a été créée de toute pièce pour contrer l'affirmation du pain super substantiel invoquée par les cathares dans l'Oraison. Source la voie cathare, p. 560, Bertrand de la Farge, Diffusion Rosicrucienne, 2000

La croisade contre les albigeois

Philippe II dit Auguste (1180-1226) et le pape Innocent III unissent tous deux leurs intérêts pour combattre l'hérésie cathare. De cette union sortira deux faits majeurs : une croisade appelée « La croisade contre les Albigeois » et une terrible institution : l'Inquisition.

Cet office a meurtri et tué les populations européennes pendant plus de trois siècles au nom de la préservation de l'unité catholique.

Cette autorité policière a commencé son sinistre ouvrage dans le Languedoc, en 1234, suite à l'échec de l'éradication totale des cathares par la croisade contre les Albigeois. Mais c'est surtout après l'assassinat de deux inquisiteurs à Avignonet le 29 mai 1242 par une troupe de cavaliers en provenance de Montségur, dernier refuge cathare non soumis à cette date à la couronne capétienne, qu'elle a vraiment intensifié son action et que ses actions n'ont plus faibli jusqu'à la disparition du dernier Revêtu, Guillaume Belibaste, brûlé en 1321 sur la place publique de Villerouge-Termenès.

Notons que le 16 mars 1244, la dernière forteresse cathare Montségur tomba aussi après un siège d'un an aux mains des Francs. Les deux-cents hommes et femmes qui y étaient restés refusèrent d'abjurer et furent brûlés. Les ruines de Montségur sont aujourd'hui le point de ralliement de tous ceux qui veulent se souvenir. Elles restent le lieu symbolique par excellence de la résistance cathare

Elles restent un témoignage à l'instar d'Oradour-sur-Glane, car, pour effectuer sa sinistre besogne, le Légat du pape Romain de Saint-Ange avait édicté un règlement[21] applicable à tous au même titre que le droit civil et criminel. En voici quelques extraits :

— Dans chaque paroisse, l'évêque nomme un laïc qui pourra visiter chaque maison suspecte d'abriter un hérétique.
— Quiconque aura donné asile à un ou plusieurs hérétiques verra sa maison brûlée.
— Chacun peut rechercher les hérétiques sur les terres d'autrui.
— Si quelqu'un abandonne l'hérésie de son plein gré, il devra changer de résidence. Il portera sur ses vêtements deux croix le signalant à tous.
— Si quelqu'un abandonne l'hérésie, une fois capturé, il sera emprisonné et ses biens confisqués.
— Tout homme âgé de plus de 14 ans et toute femme âgée de plus de douze devront jurer fidélité à la foi catholique. Un recensement de chaque paroisse permettra de s'assurer que tous auront prêté serment.
— Nul ne pourra posséder de livre sacré, Ancien et Nouveau Testament.
— Tout testament sera rédigé en présence d'un prêtre sauf à être frappé de nullité.

---

[21] . Mystère et message des cathares, Jean Blum, p. 50-51, Édit. du Rocher, Jean-Paul Bertrand Editeur, 1993

Voici maintenant les peines prononcées par les tribunaux d'inquisition dans l'ordre croissant :
— La prison au « murus strictus ».
— La prison au « murus strictissimus ».
— Le bûcher à feu ardent, entraînant un trépas rapide
— Le bûcher à feux doux, prolongeant longtemps le supplice

Ce règlement fut appliqué avec rigueur et a profondément marqué la vie sociale du pays d'oc pendant cette période. Ce ne sera qu'au XVIe que l'étau se relâchera.

Le deuxième fait majeur fut la croisade contre les Albigeois. Cette terrible entreprise de guerre appelée de ses vœux déjà en 1198 par le pape Innocent III débutera réellement en 1209 suite à l'assassinat de son légat Pierre de Castelnau. Elle fut conduite par Simon de Montfort et dura neuf ans pendant laquelle tout le pays d'oc fut mis à feu et à sang, jetant les Parfaits et Parfaites au bûcher.

L'autorité militaire suprême fut confiée à Arnaud Amaury, l'abbé de Cîteaux et qu'elle était constituée de soixante-dix-neuf Chevaliers de haut rang, vingt-mille cavaliers et cent-mille manants bien entraînés, car la plupart revenaient de Terre sainte. Cette armée fut efficace partout où elle engagea la bataille.

La barbarie a atteint son comble à Béziers, le 22 juillet 1209. La ville fut attaquée, suite au refus des habitants de livrer les deux-cent-vingt-deux cathares en ses murs et malgré les tentatives désespérées des prêtres catholiques brandissant la croix pour protéger leurs ouailles, toute la population passa de vie à trépas soit vingt-mille âmes.

Les historiens s'accordent à dire que l'abbé et légat du pape Arnaud Amaury[22] dit à Simon de Montfort depuis Cîteaux avant l'assaut « Tuez-les tous, Dieu reconnaîtra les siens ». Après le massacre, il écrivit aussitôt au pape : « La vengeance de Dieu a fait merveille, on les a tous tués ».

Simon de Montfort, comme suite à ses succès militaires hérita effectivement du Comté de Toulouse, mais en profita peu puisqu'il fut tué par un boulet qui lui fracassa la tête lors du siège de Toulouse en juin 1218.

La doctrine des cathares

Le nom de « cathare » vient du grec katharos[23] qui signifie « pur ».

On note que les cathares ne se sont jamais appelés ainsi entre eux et que le terme fut utilisé surtout par leurs opposants en Allemagne. En Flandre, on les

---

[22] . Dirige à partir de 1204 en Languedoc la mission cistercienne de prédication contre l'hérésie. À partir de 1208, c'est lui qui est chargé de prêcher la croisade contre les albigeois jusqu'à la cour de France. Homme du pape, il prend personnellement la tête de l'armée en 1209. Sa responsabilité dans les massacres et bûchers de la croisade est totale. Il est nommé archevêque de Narbonne en 1212. Il meurt en 1225.

[23] . Le terme fut employé pour la première fois par un moine allemand nommé Eckbert de Schonau en 1163.

appelait « popplicains », en Italie « Patarins » ou encore en Bosnie « Boulgres ».

Dans le pays d'oc, ils étaient appelés « tisserands » ou « tisseyres » en raison du métier qu'ils exerçaient le plus fréquemment.

On pense que le mot cathare est dérivé aussi de catus[24] qui signifie en latin « chat » parce que dans les traditions médiévales allemandes le chat était l'animal symbolique du diable. Celles-ci racontent « que les cathares baisent le derrière d'un chat sous la forme duquel leur apparaît Lucifer ». Cette offense fut colportée par l'église pour discréditer les cathares et pour affirmer qu'ils adoraient le Créateur mauvais. Cette affirmation était bien sûr fausse.

L'origine doctrinale des cathares s'inspire essentiellement du christianisme primitif et tout particulièrement de la doctrine professée par Origène, [25] mais elle est aussi marquée par les théories gnostiques et dualistes orientales qui étaient nombreuses au début du millénaire.

Le dualisme oriental est caractérisé surtout par le mazdéisme dont le plus illustre prophète fut Zoroastre qui vécut au VIIe siècle avant l'ère chrétienne. La doctrine du mazdéisme repose sur l'incessant combat opposant le dieu de la Lumière

---

[24] . Le polémiste catholique Alain de Lille l'a écrit en 1198.

[25] . Origène (184-254) Père contesté de l'Église fut l'inventeur d'au moins quatre des éléments essentiels du catharisme : 1. – mythologie de la descente animique dans la matière et de l'allégorie de la chute des anges 2. – Pater, avec la notion de pain super substantiel 3. – l'ange primordial, esprit du premier formé 4. – mariage mystique.

Ormuzd au dieu du mal Ahriman symbolisé en Maçonnerie par le pavé mosaïque. Son livre sacré l'Avesta dit qu'Ahriman disparaîtra à la fin des temps lorsque plus personne ne voudra le suivre et que chaque homme doit toujours arbitrer en lui les bonnes et les mauvaises actions.

La doctrine cathare puise donc ses fondamentaux à la fois chez Origène qui peut être considéré comme le père du catharisme, mais aussi dans le manichéisme qui est une gnose dualiste chrétienne s'inspirant du mazdéisme.

Il est intéressant de relever que la notion de péché chez Origène n'existe pas puisque les Anges qui ont décidé de s'incarner le font de leur propre volonté. La chute est donc une conséquence et non pas une cause liée à une faute ou un péché comme le professe la genèse chrétienne. Il s'ensuit que les cathares ne sont pas culpabilisés par leur incarnation. Cette notion très importante sera développée plus loin.

En 869, le concile de Constantinople[26] supprime l'Esprit en l'Homme et affirme qu'il faut désormais enseigner que l'Homme n'est constitué que d'un corps et d'une âme douée de qualités spirituelles. Cette grave décision est en contradiction flagrante avec la doctrine d'Origène.

C'est donc tout naturellement que quelques dissidents gnostiques vivant en Bulgarie décident de

---

[26] . Canon 11. « Anathème à quiconque soutient qu'il y a deux âmes dans l'Homme »

propager la réalité de l'Esprit dans le monde. C'est à partir de cette date qu'ils furent appelés bogomile, qui signifie ami de Dieu en bulgare. Ils avaient pour seule mission de réaffirmer l'existence de l'Esprit, de l'enseigner par une doctrine et de le manifester par le travail.

Pour eux, le Dieu suprême est unique, il est source de Bien et d'Amour et n'a pas pu créer le mal. Il est tout puissant dans le Bien et il peut tout ce qu'il veut, mais il ne peut pas tout vouloir, car Dieu ne peut pas vouloir les maux et il ne peut pas se détruire lui-même.

Le mal est personnifié par le Prince des Ténèbres, l'Ennemi malin ou encore le Monstre du Chaos qui n'est pas au même niveau que Dieu. Il représente le principe négateur, corrupteur, destructeur. Il a la capacité de dévoyer le Bien et sa création a la potentialité permanente de destruction de la Bonne Création. Face à l'Esprit, il invente la matière pour faire tomber l'Esprit dans la matière. Face à l'Éternité, il invente le temps indéfini pour que tout se corrompe dans la durée.

L'objectif du Malin est que le Royaume de Dieu s'anéantisse dans le Monde. Il personnifie une puissance chaotique opposée à Dieu, mais qui n'est pas son égal ni en valeur ni en Être ? Par lui-même, il ne représente rien et n'existent et se manifestent que par une confrontation créative de l'Être à savoir les humains.

Ainsi le bien et le mal ne sont pas égaux puisque le Bien procède de l'essence tandis que le mal se révèle dans la substance manifestée ; mais il y a néanmoins deux créations, deux ordres de réalités opposées qui sont : d'une part, les réalités spirituelles, invisibles et éternelles, domaine de Dieu vivant et vrai et de Dieu de Justice et de Vérité d'où émanent les âmes comme les rayons émanent du soleil qui personnifient le monde de l'Amour et de la Charité et d'autre part, un monde visible, ensemble des réalités matérielles et temporelles, transitoires, corruptibles et vouées à la destruction où se développe le mal, et où les corps de chair souffrent, se dégrade et meurent. Dans ce monde vivent également la vanité, l'orgueil, l'avarice, la cupidité, les malheurs, les maux et les maladies. Il n'existe que sous une forme illusoire, transitoire et de résistance où le mal se développe dans le temps, mais aussi dans la matière.

Pour les cathares, le monde matériel n'a pas de sens puisqu'ils se posaient la question suivante : à quoi sert-il d'exister si ce n'est pas pour toujours ?

Ce monde s'apparente donc au Néant et ils le justifiaient en citant cette phrase de Saint Paul : « Sans la charité je ne suis rien ». Pour les catholiques ce propos est compris comme une réflexion morale qui signifie : « aidez votre prochain » tandis que l'interprétation par les cathares était la suivante « Sans la charité je ne suis que néant » dont la signification est la suivante : si je n'ai pas en moi cette parcelle divine qu'est la charité, je ne suis qu'un corps de chair corruptible et vain et j'appartiens au Néant.

Cette profession de foi gnostique leur a permis de vaincre bien des peurs et des souffrances tout au long de leur tragique destin terrestre.

Dualisme absolu et mitigé

Le dualisme cathare est-il absolu [27] ou mitigé comme le pensent certains exégètes [28] ? Si l'on considère qu'il existe un dualisme mitigé, on doit accepter que le mal soit nécessaire dans la conquête du Bien et, que son rôle est primordial chez l'Homme puisque celui-ci doit effectivement le conquérir et le dominer afin de le transmuter en Bien. Ainsi dans le dualisme mitigé le mal qualifie la force par laquelle s'accomplit et s'entretient la Création matérielle dans son œuvre d'édification et de progrès.

Cette constatation rapportée au monde occidental où le scientisme devient presque une religion est intéressante, car elle permet de relativiser la notion de progrès matériel au regard de la spiritualité puisque ses effets n'intéressent que Satan.

---

[27] . Le dualisme absolu est en fait conforme à ce qu'on sait que professaient les cathares albigeois : les créateurs de ce monde étant le diable ou un mauvais principe, indépendant de Dieu, ayant dérobé par effraction un certain nombre d'anges de Dieu. Source : Anne Brenon : Le dico des cathares, Édit. Les dicos essentiels MILAN – 2000

[28] . Forme du dualisme qui attribue la création du monde visible à un ange de Dieu, créé bon et choisissant librement le mal contre son créateur, par péché originel. Elle ne diffère guère de l'interprétation catholique qui voit dans l'intrusion du mal un effet du libre arbitre des créatures de Dieu sans préciser d'où vient cette inspiration du mal. Source : Ibid

L'adoration du Veau d'Or, en fait la divinisation de la matière sous toutes ses formes, est du domaine du Bas. Elle n'a pour seul effet que d'augmenter la puissance du malin symbolisant l'exaltation des tendances perverses et de retarder le processus d'évolution spirituelle qui est la quête sans fin de la recherche de sa parcelle de charité ou de divinité.

Les notions de résistance, d'inertie, d'enchaînement, de mal-être sont à prendre, dans le contexte du dualisme mitigé, comme autant d'obstacles auxquels il faudra nécessairement s'affronter.

Pour tous ceux qui privilégient la voie de la recherche de la lumière, l'obstacle sera alors un merveilleux terrain d'expériences nouvelles. Elles leur permettront d'acquérir les notions indispensables pour s'élever vers Dieu.

Mais pour tous les autres qui ne veulent pas combattre les poisons de l'inertie, les pesanteurs de la vie se transformeront en amertume et contribueront à toujours plus masquer les chemins qui mènent vers la Lumière.

Le Maçon est un homme privilégié, car dès son initiation il est mis sur un chemin qui lui permet de vaincre et de transmuter les obstacles de la vie. Son implication en qualité d'initié est engagée dans un serment qui lui garantit de ne jamais faiblir devant l'adversité, car elle conditionne à la fois l'équité comportementale de l'ensemble des Frères, mais aussi le caractère de son processus initiatique.

Cette notion d'évolution responsable vers plus de clairvoyance intérieure dans le calme fraternel d'une Loge et l'Amour de ses Frères est le plus sûr garant pour ne pas obscurcir la Lumière.

Les cathares disent que l'Homme est corps, âme et Esprit. En se détachant de la matière, c'est-à-dire en étant libéré de l'envie matérielle et psychique ainsi que des contraintes corporelles, il permet à son Esprit (parcelle divine) de croître et de s'unir à Dieu (noce mystique).

Par ailleurs, l'emprise du mal (puissance corruptrice) diminue quand l'Esprit s'approche de l'éternité. Il ne faut donc pas donner d'importance au temps qui est un des outils du Malin.

Mais l'âme peut succomber à la matière, il s'ensuit alors que l'Esprit s'échappe (n'apparait plus à la conscience) et le corps qui est une prison enferme à nouveau l'Homme dans le cycle des Renaissances.

Mais si l'âme ne succombe pas au Malin, l'Esprit assure ensuite la transformation du corps, puis l'âme se soumet à l'Esprit pour être transformée. L'Esprit a besoin de l'âme pour s'élever, car corps, âme et Esprit sont indissolublement liés pour l'accomplissement d'une seule œuvre, l'union avec Dieu.

Pour bien comprendre la différence entre le dualisme radical et le dualisme mitigé on reprendra la pensée de Jean de Lugio sur le pouvoir de création de Dieu explicité dans le « Livre des deux principes ».

Il affirme premièrement que : « le vrai Seigneur Dieu crée ou fait quand il ajoute quelque chose aux essences des êtres qui étaient déjà bons afin qu'ils puissent secourir les âmes qui doivent être sauvées ». Jésus-Christ et les anges sont de cette nature.

Il affirme deuxièmement que « Dieu fait ou crée quand il ajoute quelque chose aux essences des identités qui avaient été créées mauvaises ».

Enfin, il dit troisièmement que : « Dieu crée ou fait quand il permet à celui qui est entièrement mauvais d'accomplir quelque chose qu'il désire en tolérant un temps sa malice, etc. ».

En clair, selon le docteur cathare Jean de Lugio, Dieu a consenti pour un temps à la création du mal. Par conséquent, dans le dualisme mitigé le mal principiel que les cathares appellent néant est sous le contrôle d'un ange rebelle nommé Lucifer dont les actions sont acceptées momentanément par Dieu. Dieu n'a donc pas de relations directes avec le mal ; il est responsable de la création de Lucifer, mais pas des actes que ce dernier commet. Ainsi, le néant est donc composé d'une matière issue du mal qu'il faut combattre, sous l'œil vigilant de Dieu qui accepte temporairement une telle situation.

Le dualisme radical est bien sûr d'une autre nature puisqu'il affirme qu'il y a deux principes de création opposés qui s'affrontent dans un combat titanesque et que la réalité perçue par les hommes est une création satanique. Dans ce cas de figure, les hommes sont donc l'œuvre de Satan, ils sont des damnés qui se reproduisent pour que le principe du mal triomphe sur celui du Bien.

Le dualisme radical trouve ses fondements dans les trois arguments suivants[29].

Selon Aristote, « les principes des contraires sont des contraires ». Or le Bien et le Mal sont des contraires, ils sont donc des principes contraires.

Le troisième verset du prologue de Jean dit : « Par Lui (Dieu) tout a été fait et sans lui rien n'a été fait ». Les cathares interprétaient la seconde partie du verset : « Sans Lui a été créé le Néant » qui était le monde visible. Le texte latin complet du verset est : « Per spsum omnia facta sunt, et sine ipso nihil factum est ». C'est l'interprétation du terme nihil qui a posé problème avec les doctrinaires catholiques.

Enfin, le troisième argument est que Dieu n'a pas pu créer le mal. Il est viscéralement en dehors du monde du mal et il est éternel, immuable et non perceptible par l'intellect, il ne peut donc pas être représenté et effectivement les cathares interdisaient toute représentation de Dieu ou du Christ.

Le traité de Bartholomé est tout à fait explicite sur le dualisme radical en ce sens qu'il dit que : « Si Christ n'appartient pas à la création présente, c'est donc que celle-ci est mauvaise » puis il dit encore : « qu'y-a-t-il de plus lumineux que le soleil, néanmoins il disparaîtra » ce qui signifie que le monde est voué à la finitude. Enfin, il répète plusieurs fois le troisième verset de saint Jean :

---

[29] . Michel Loubatières, 1997Roquebert, La religion des cathares, p. 10, Edit.

« Toutes choses ont été faites par Lui et sans Lui a été créé le Néant ».

Le libre arbitre

À ce stade de l'étude, il serait souhaitable d'envisager le rôle du libre arbitre face au baptême, au salut, car il semble qu'à la lumière des rituels maçonniques et du dualisme mitigé, on pourrait en tirer quelques enseignements sur le déterminisme.

Le philosophe français Maurice Blondel a écrit que « sous quelque forme qu'elle s'offre à la conscience, la pensée de Dieu y est apportée par un déterminisme qui nous l'impose ». En a-t-il toujours été ainsi dans la pensée humaine ?

Pour le matérialiste, la nature existe par elle-même, elle n'a pas de conscience. Il considère que, en tant qu'être humain pensant, il est le produit du hasard et le témoin abasourdi d'une histoire éphémère qui n'a pas de sens. Dans une telle disposition d'esprit, le matérialiste peut aussi bien s'identifier au scientisme qu'à toutes sortes d'idéologies immanentes (communisme, libéralisme, etc.) puisque seule sa raison en dicte les limites. Il peut s'accommoder de l'indifférence au sort d'autrui, dans une société où prédominent le règne des sens et la seule recherche du plaisir et du caprice.

Pour le panthéiste, qui fut représenté par la religion des druides, mais aussi par l'animisme toujours en vigueur aujourd'hui en Afrique, la nature se suffit à elle-même, s'identifie à Dieu et évoque toutes sortes de dieux qu'il faut vénérer et amadouer pour ne pas subir leurs fougues.

Pour le monothéiste, Dieu représente la relation essentielle, transcendantale, seul créateur distinct de sa création. L'Homme demeure soumis à une loi divine qu'il ne peut pas refuser sous peine de subir son courroux. L'exemple de ce monothéisme est la religion de l'Ancien Testament.

Dans un autre cas de figure représenté par le bouddhisme, seul l'Esprit existe en réalité et le monde matériel s'apparente à une illusion. Cela correspond à une philosophie de la renonciation aux désirs terrestres pour atteindre le Nirvâna.

Enfin, il y a le Dieu omniscient, omniprésent et omnipotent, caché et endormi dans la personnalité, qu'il faut conquérir par une ascèse personnelle. Ne retrouve-t-on pas ici toute la gnose et la grande Tradition ésotérique ?

Pour la plupart des individus, la situation n'est pas aussi simple que celles qui ont été décrites précédemment, car l'Homme reste, d'une façon générale, un être complexe et difficile à définir sur le plan spirituel.

Le dualisme radical et mitigé des cathares se rapporte à ce Dieu caché qu'il faut rechercher dans le for intérieur à l'instar de la proposition qui est faite au récipiendaire lors d'une initiation maçonnique.

On note que dans la philosophie du R.E.A.A., il n'est nullement exigé que l'initié ait des prédispositions spécifiques à la transcendance, mais elle affirme aussi qu'il n'existe aucune limite à la recherche de la Connaissance ce qui laisse sous-entendre que tout initié doit savoir choisir entre la voie qui mène vers le Bien de celle qui enrichit le Mal. Le choix est donc binaire ; ou évoluer vers plus de clarté intérieure ou involuer en s'enchaînant dans la matière.

Le mérite de l'initiation maçonnique consiste à révéler à la conscience suffisamment d'espace pour que le libre arbitre décide ; mais peut-on vraiment décider en même temps d'aller vers le bien et vers le mal ? L'initié a-t-il vraiment le choix au plus profond de la conscience ?

C'est une question importante et la phrase de Maurice Blondel a le mérite de situer dans son essence le déterminisme de la question de Dieu, car prononcer le mot de Dieu signifie redécouvrir en soi-même la conviction implicite d'une marche vers la perfection qui débouche naturellement sur une morale de l'Amour vrai, celle de l'Homme qui aime l'autre pour lui-même, pour son bien et non pour son seul plaisir.

C'est aussi retrouver de la lucidité intellectuelle pour ne plus choisir une sorte de morale rigide avec ses jugements, ses reproches et ses perpétuelles condamnations.

C'est enfin donner du sens au déterminisme implacable de la vie terrestre qui sans besoin de spiritualité aboutit à une forme de schizophrénie que Saint Paul a bien montrée dans la phrase suivante : « Je ne fais pas le bien que j'aime et je fais le mal que je hais »

L'idée de rédemption, toujours associée à la notion de faute ou à un péché existentiel dans les religions judéo-chrétiennes, disparaît totalement chez les cathares. Ils croyaient à la réincarnation et n'acceptaient pas le sacrifice rédempteur de Jésus. Pour eux, les tortionnaires du Golgotha n'avaient crucifié qu'une ombre et Jésus n'était venu que pour proposer un modèle de vie.

Dans leur esprit, le temps est l'œuvre du diable, il ne fallait donc pas en user et abuser, mais bien au contraire le transcender, afin de se rapprocher toujours plus de l'éternité, car c'est proche de l'éternité que l'Esprit se libère de la matière et que les noces mystiques avec Dieu peuvent s'accomplir.

Aujourd'hui, il existe des techniques comme la sophrologie et le yoga qui diminuent l'emprise du corps sur la psyché et créent des états de conscience élargis, souvent illuminateurs, vécus et ressentis par les intéressés comme déconnectés de la notion du temps terrestre.

« Les âmes de Dieu passent de corps en corps et toutes seront délivrées, à la fin, de la faute et de la pénitence » affirmaient les cathares et ils ajoutaient « l'âme passe de corps en corps jusqu'à ce qu'elle soit sauvée ».

La réincarnation pour eux est donc un processus évolutif et ascendant. Le retour dans le monde sensible n'était pas le but en soi, mais il est accepté comme une nouvelle période, une nouvelle chance pendant laquelle il faut s'affronter à tout ce qui fait barrage à la transmutation des valeurs terrestres.

Consolamentum

Les Parfaits vivaient une ascèse stricte. Les obligations du Consolamentum ne laissaient pas de place à des faiblesses morales. Aucune faute n'était permise et elles étaient sanctionnées par des jeûnes ou des carêmes appelés Endura[30]. Ceux-ci devaient simplement rappeler au pénitent que le Christ avait enduré la même épreuve dans le désert. Il fallait jeûner au pain sec et à l'eau pendant neuf jours pour un manquement léger à la règle, par exemple, celui de toucher la peau nue d'une personne du sexe opposé ou de dire un mensonge, même par inadvertance.

Pour des fautes sévères, l'Endura était ordonné par le plus ancien des Parfaits après une confession publique devant la communauté des Parfaits et, si la faute était activement et effectivement consommée, il y avait d'abord une diète totale de trois à vingt-sept jours non consécutifs.

Les manquements gravissimes à la règle appelée, péchés mortels (relations sexuelles, perte de la foi,

---

[30] . Mot occitan signifiant épreuve et employé par les inquisiteurs pour dénoncer les pratiques suicidaires qui auraient été imposées aux croyants sur leur lit de mort.

trahison de la communauté, délation, meurtre, consommation de viande) étaient traités secrètement et individuellement entre le Parfait fautif et l'Ancien. Dans tous les cas, le Parfait perdait sa qualité de Parfait et il était exclu de la communauté.

Les obligations d'un Parfait étaient les suivantes : venir en aide à son prochain en toutes circonstances, favoriser la prise de conscience, respecter toutes vies, ne jamais combattre ni par les armes ni par la force, pratiquer le jeûne à intervalle régulier, ne pas manger de viande, ni des produits venant des animaux, demeurer chaste et surtout rester fidèle à l'Esprit.

Les cathares n'avaient pas peur de la mort et ne reniaient jamais leur serment d'allégeance à l'Esprit. Ils ne combattaient pas leurs ennemis et acceptaient les sentences des tribunaux d'inquisition.

D'après les historiens il n'existe pas de cas où un parfait a renié sa condition pour obtenir la vie sauve. Ils avaient bien compris que « Tout s'accomplit ailleurs » et qu'il est vain de vivre en parjure ici-bas.

La condition de Revêtu était décernée une fois que le candidat a reçu le Consolamentum. Mais pour l'obtenir, le postulant devait accomplir une longue période d'ascèse, en général deux à trois ans, au sein de communautés qui lui enseignaient les quatre degrés de la loi d'Amour qui sont :

— La séparation ou la perte du vieil homme. Cette étape était nécessaire pour prendre conscience par la voie exotérique du bien fondée de sa démarche (mourir à l'Homme matériel) qui est analogiquement reliée au degré du Soupirant des troubadours définis dans l'Amour courtois ou au grade d'Apprenti en Maçonnerie.

— L'admission ou le Croyant. La plupart des chrétiens cathares en restaient à ce stade. Ils étaient reconnus par la communauté et bénéficiaient d'une fraternité active. Cette étape correspond analogiquement au degré de Suppliant du troubadour ou au grade de Compagnon en Maçonnerie.

— La révélation ou la Connaissance mystique. C'est à ce stade que l'impétrant recevait le Consolamentum et qu'il obtenait le titre de Parfait. Ce degré est celui de l'Amoureux des troubadours ou au grade de Maître en Maçonnerie.

— Le retour ou la vie dans la Vérité. Dieu est maintenant dans son cœur, car le mariage mystique est consommé. Le mal est vaincu, seul domine dans la volonté l'entendement du Bien. Le Parfait peut donc être au service de l'humanité. Ce quatrième degré est celui de l'Amant des troubadours.

Il faut noter que le Consolamentum est l'unique sacrement cathare. Il était donné par une assemblée de Revêtus avec la présence des Croyants dans un lieu insignifiant, en général une grotte et dans la pénombre.

Comment se pratiquait-il ? Le néophyte entre accompagné du plus ancien des Revêtus présents et s'agenouille devant l'autel sur lequel repose l'évangile de Jean qu'il salue par trois fois ; puis il dit sa volonté d'être un bon Chrétien. Suite à la lecture du prologue de Jean, le récipiendaire prend son engagement comme suit : « Je donne ma foi à Dieu et à l'Évangile. Je promets de ne jamais mentir ni faire de serment[31], de renoncer à l'acte de chair, de ne jamais tuer d'animal, ni manger de viande, de ne rien faire sans dire l'Oraison[32], de ne jamais voyager, ni manger sans compagnon, de ne jamais trahir la Foi même sous la menace de mort par l'Eau ou par le Feu ». Puis il s'agenouille devant l'officiant qui lui pose l'Evangile de Jean sur la Tête et qui le consacre. De même, toutes les personnes présentes lui posent également la main sur la tête. La cérémonie se terminait après une prière commune et un baiser de paix.

Faisant suite à cette émouvante et belle cérémonie, comment comprendre l'acharnement du clergé catholique pour éradiquer l'église cathare sinon pour dire combien il avait peur à la fois de perdre son pouvoir quant à l'administration des sacrements du salut, mais surtout d'être confrontée à une relecture permanente du dogme de la rédemption du Christ.

---

[31] . « Je vous dis de ne pas jurer du tout » – Matthieu, 5,34

[32] . Oraison cathare était celle de : Notre Père qui est au ciel, que Ton Nom soit sanctifié, que ton règne vienne, que ta volonté soit faite sur la terre comme au ciel, donne – nous aujourd'hui notre pain super substantiel, et remets-nous nos dettes comme nous les remettons à nos débiteurs, et ne nous induis pas en tentation, mais délivre-nous du mal, car à toi appartiennent le Règne et la Puissance, et la Gloire, dans les siècles des siècles, Amen

Chez les cathares, Jésus n'est pas venu sur terre pour se sacrifier pour le salut des hommes, mais pour transmettre un message et offrir à l'humanité entière la clé qui ouvre les portes du salut. De nature divine, car reconnu comme le fils de Dieu, il ne s'était pas incarné et n'avait pris que l'apparence humaine, car Dieu n'aurait pas permis qu'il subisse la crucifixion. Jésus était donc venu sur terre pour enseigner la voie du salut, puis il est remonté au ciel, laissant à l'Esprit consolateur le soin des âmes.

La transmission de l'Esprit se faisait, chez les cathares par imposition des mains lors du Consolamentum qui était pour eux le vrai baptême d'esprit et ils disaient que le baptême d'eau pratiqué par Jean-Baptiste n'était qu'une première étape, une sorte de baptême de purification et de repentance qui n'efface pas les péchés. Ils justifiaient cette pratique en citant une phrase de Jean-Baptiste : « Un autre viendra après moi, plus fort que moi, et il vous baptisera par le feu et l'Esprit ».

La symbolique finale du baptême spirituel est claire, il s'agit de réaliser l'union spirituelle de l'âme emprisonnée dans le corps avec son Esprit resté au Ciel. Si l'union ne peut être envisagée de suite, elle met l'Homme naturellement sur le chemin de la Connaissance (gnose) et fortifie son choix, mais aussi la certitude d'une transmission de l'Esprit, jusqu'à la fin des temps.

La finalité du dualisme cathare est que le Mal peut triompher dans le temps, mais que le Bien triomphe toujours dans l'Éternité. C'est avec cette conviction qu'ils disaient que toutes les âmes seraient sauvées y compris celle de Satan afin que s'accomplisse la victoire de la Bonne Création.

Le Maçon face à la doctrine cathare

En Maçonnerie, tout individu peut être initié s'il est libre et de bonnes mœurs, attitude qui s'apparente à la même logique que celle du dualisme mitigé, car la recherche de la Lumière, symbolisant l'Esprit, se fait toujours par une prise de conscience de tout ce qui s'oppose à la conquête de sa parcelle de divinité, celle-ci n'étant révélée que lorsque la conscience est débarrassée des certitudes et des peurs.

La force et la grandeur de la Maçonnerie donnent la possibilité à chaque Frère de définir par lui-même la voie qui le mènera à établir les rapports entre le corps, l'âme et l'Esprit.

Ainsi, les voyages vécus durant les diverses initiations du R.E.A.A. et les nombreux symboles qui y sont rattachés deviendront un merveilleux outillage. Lequel lui permettra enfin de savoir qu'il ne sait rien puisque tout s'accomplit dans un baiser mystique.

Guidé par l'amour de ses Frères et affranchi de la peur, il marchera alors toujours plus libre vers la Lumière comme le faisaient les cathares huit siècles plus tôt.

La gnose est l'élément moteur de la quête initiatique maçonnique. Mais comme elle se perçoit dans un temple, elle demeure associée naturellement au pavé mosaïque qui symbolise la réalité duale de la vie.

À l'instar des cathares, le Maçon doit clarifier son comportement personnel et social compte tenu de cette dualité.

Dans la réalité, l'Homme se trouve confronté à une profonde inertie existentielle, à des obstacles de toutes natures et à des résistances qui engendrent beaucoup d'interrogations. L'une de celles-ci présuppose que tout obstacle devient utile s'il est compris dans une dimension gnostique qui pourrait s'apparenter à la maxime suivante : « connaître pour croire et non pas croire pour connaître. »

Retrouver la lumière en taillant sa pierre est une nécessité pour les initiés. Pourquoi ?

Deux éléments sont essentiels dans ce travail : l'importance de l'harmonie communautaire dans le travail introspectif réalisé dans le cadre d'une Loge maçonnique et la nécessité de combattre pour vaincre l'obstacle.

Lorsque ces deux facteurs sont opérants, il s'ensuit que l'initié peut réaliser des actes volitifs et libérateurs renforçant son intuition.

Ici-bas, il n'y a aucune fatalité dans le malheur. Il est donc vain d'osciller entre ces deux pôles, car on ne fait qu'entretenir une sorte de mouvement perpétuel.

La seule façon de se libérer de cet enfermement consiste à vivre authentiquement le processus gnostique, car il nourrit l'enthousiasme de vivre et donne force à l'importance de l'Esprit.

Qu'il s'appelle Dieu, G.A.D.L.U., premier Principe, Unité du Tout, il ne peut être éludé, puisqu'il est la dynamique constitutive de la gnose.

Vivre sa spiritualité dans un processus évolutif ascendant signifie qu'il ne faut pas rechercher derrière soi ce qui me meut ici-bas. Il faut avancer en sagesse et en amour dans la conquête de sa parcelle de divinité en utilisant la science spirituelle qui est l'utilisation de l'intelligence au service de l'Esprit.

La Connaissance des cathares résulte d'expériences intérieures nécessitant une pureté préalable qui exigeait un énorme effort sur soi-même.

La Maçonnerie propose la même logique puisque chaque Frère doit tailler sa pierre et pratiquer dans le monde profane les vertus acquises lors de ses diverses initiations. L'effort demeure tout aussi exigeant que celui des cathares et comme eux il doit aider ses Frères dans le besoin et s'opposer à tout ce qui contrarie l'avènement d'une force psychique et d'une puissance spirituelle pour arrêter le règne des bas instincts qui engendrent guerre et malheurs.

De même, il doit arrêter et combattre le règne de l'intelligence humaine au service des choses matérielles détruisant la nature et tous les dogmes imposés et limités qui engendrent des sectarismes douteux paralysant la quête d'une évolution spirituelle.

Conclusion

La force dans cet engagement reste l'exemplarité et la nécessité absolue de demeurer fidèle en toutes circonstances au serment maçonnique. Le parjure exprimé dans une quête gnostique est la pire des trahisons, car il entretient et qualifie les forces du Bas dans leurs besoins de manifestation.

En outre, il entraîne le malheureux infortuné, qui choisit cette voie, à vivre en quelque sorte le mythe de Prométhée, puisqu'il rejette l'appel de l'Esprit qu'il a pourtant dûment reconnu et accepté lors de son initiation.

Comme le rappelle le rituel au 1er degré du R.E.A.A., « nous aurons peut-être un jour à faire le sacrifice de notre vie pour rester fidèles à l'idéal que nous avons librement choisi. »

Que ce terrible choix puisse ne jamais arriver, mais si les circonstances politiques le veulent qu'il se fasse alors dans la conviction sublime que les rayons de la lumière de l'Esprit doivent toujours rester visibles dans les eaux troubles. Ce qui doit rester dans la conscience est que toute diminution de leurs éclats retarde l'accomplissement du temple universel auquel travaillent inlassablement tous les Maçons.

Les cathares ont tous été brûlés vifs, car ils n'ont jamais abjuré leurs convictions. Ils partaient dit-on sur les bûchers en chantant, car ils savaient que le corps appartient au temps, que le temps est l'œuvre du diable et que seule l'Éternité est le domaine de l'Esprit.

En Maçonnerie, les rituels disent : « rien ne s'achève ici-bas, mais que tout s'accomplit ailleurs ».

Notes

Jacques Brosse, Les Maîtres spirituels, Édit. Bordas, Paris, 1988

Jean Blum, Mystère et Message des cathares, Edit. du Rocher, Monaco, 1993

Michel Roquebert, La religion cathare, Édit. Loubatières, Balma, 1997

Hervé-Masson, La Gnose Une et Multiple, Édit. du Rocher, Monaco, 1982

Simone Hannedouche, Cahier d'études cathares, IIe série No 117. Manichéisme et Catharisme, 1988

Simone Hannedouche, Cahier d'études cathares, IIe série No 120. p. 40-45, Lucette Charles, 1988

Bertrand de la Farge, La Voie cathare, Collection Université Rose-Croix internationale, Diffusion rosicrucienne, Le Trembley, 2000.

Loge Fidélité & Prudence, Rituel des trois grades symboliques Imprimerie ATAR, Genève, 1931

Anne Brenon, Dico des cathares, Les dicos essentiels Milan, 2000

La liberté, un art ou un concept ?

« Construire l'avenir c'est construire le présent. C'est créer un désir qui est pour aujourd'hui, qui est d'aujourd'hui vers demain », Antoine de Saint Exupéry

La liberté chez l'Homme

Pour tout individu, la notion de liberté a du sens à partir du moment où il prend conscience de son libre arbitre. Dès cet instant, il sait qu'il peut décider par lui-même. Mais très vite, il s'aperçoit que ses actions ne peuvent être dissociées de la Vie en général et de la sienne en particulier. L'histoire de sa liberté, par rapport à celle d'autrui, peut alors commencer[33].

C'est en invoquant la liberté que l'Homme a entrepris les plus grandes transformations de la société, pour son bien comme pour son malheur. En effet, la liberté contient en son germe une puissance d'évocation phénoménale, puisqu'elle est le plus souvent comprise comme la finalité absolue d'un concept.

---

[33] . Cf. La Liberté de Paul Eluard, du recueil Poésie et Vérité, 1942

Mais elle peut être idéalisée et s'affranchir de la raison. Dans cette situation, elle n'existe que pour celui qui crée le concept.

Le drame de l'humanité est que trop souvent l'idéaliste veut imposer à tous, et sous forme d'un dogme absolu, son modèle de liberté qui n'est qu'une vision personnelle d'une idée construite par son intelligence.

L'Histoire des hommes est, malheureusement, faite bien trop souvent par les idéologues qui emprisonnent la liberté des autres pour expérimenter et imposer leurs idéaux.

Liberté et politique

Heureusement, en ce début du XXIᵉ siècle, la doctrine politique dominante est la démocratie, qui est la moins mauvaise philosophie et morale politique pour administrer une société[34].

Elle est la finalité consensuelle d'un long processus de la gestion des libertés de l'ensemble des intérêts d'une communauté et le produit de la Déclaration des Droits de l'Homme qui inspire depuis bientôt deux-cents ans tous les parlements des pays occidentaux.

Elle est surtout l'aboutissement réussi de l'idéal maçonnique dans le monde profane par la mise en

---

[34] . Cf. W. Churchill a dit « La démocratie est le pire des régimes à l'exception de tous les autres »

œuvre d'une politique des équilibres de l'ensemble des intérêts, tant, de ceux qui sont de nature rationnelle que de ceux que fait sourdre la spiritualité.

Les autres doctrines politiques, issues d'une idéologie déterminée, bafouent le plus souvent les libertés fondamentales. Elles ont la caractéristique commune de ne pas faire explicitement référence à la Déclaration Universelle des Droits de l'Homme, car leur finalité est de servir et maintenir au pouvoir, une minorité autocratique [35] par la contrainte, la censure de l'information et la répression.

Dans une démocratie, les limites de la liberté sont inscrites dans des lois votées par des parlements élus et gérées par une justice indépendante et distincte des pouvoirs législatifs et exécutifs.

Depuis peu, en réponse à l'extraordinaire rapidité de l'évolution technologique, l'Homme a modifié son comportement vis-à-vis de la morale démocratique. Il est moins enclin à accepter les devoirs liés à la vie communautaire, car il désire associer plus étroitement la liberté à celle du bonheur individuel. En fait, il reconnaît implicitement qu'être privé de liberté, c'est être

---

[35] . Cf. « Le pouvoir corrompt. Le pouvoir absolu corrompt absolument » Lord Acton, philosophe et Historien anglais du XIXe siècle. Ajoutons que, déjà, Platon, fondateur de la philosophie politique, inventoriant les corruptions qui sévissent dans ce domaine, considérait que la pire est la tyrannie. « Le pouvoir corrompt » proclamait Mikhaïl Bakounine. Il ajoutait : « L'Homme privilégié, soit politiquement, soit économiquement, est un homme intellectuellement dépravé ». Enfin, Hegel, penseur de l'Esprit en devenir, considère que l'Histoire a souligné que « L'État est Dieu sur terre, il est le Tout, il est une fin en soi »

enfermé et malheureux. Il veut donc conquérir de la liberté pour vivre une existence heureuse, en oubliant que dès sa naissance, il est le prisonnier privilégié de son environnement culturel, social, physiologique et qu'il est soumis aux lois et règles qui régissent une société humaine.

Il est donc asservi, tout au long de son parcours terrestre, à des frontières qui sont constitutives de son existence. Dans ce contexte, le ressenti de la notion de liberté est alors étroitement lié aux actes qui enrichissent tout ce qui peut aller au-delà de ces frontières.

Il s'agit d'aborder la notion de liberté en cherchant les interactions multiples qui la lient à la conscience humaine, lieu sacré entre tous, où se croisent et s'entrelacent toutes les frontières innées ou créées par l'égo.

Les quatre éléments

À l'évidence, l'Homme bien qu'il s'en défendrait parfois, en raison de sa condition terrestre, est l'obligé du Feu par la vie qui l'habite et qui initie les processus d'évolution, celui de la Terre, par les éléments qui le constitue et qui sont indispensables à la continuité de la vie et qui déterminent sa raison d'être, celui de l'Air par les fonctions réflexives qui aident à l'obtention des processus consensuels, lesquels permettent l'abstraction de l'au-delà et, enfin, l'obligé de l'Eau qui assure les fermentations indispensables de tous les cycles humains créés et induits.

S'affranchir de sa propre volonté et sans aide de ce qui est la substance élémentaire de l'existence terrestre semble être une gageüre. Aucun Homme n'existerait sans les quatre éléments, il faut donc les reconnaître à travers une histoire extérieure et intérieure : l'une apparente et l'autre cachée.

Il s'agit, en fait de distinguer leurs significations symboliques à travers les mythes et symboles liés aux habitudes et attitudes dogmatiques qui font partie d'une science profonde, cachée qui est celle des grands initiés, des prophètes et des réformateurs qui font évoluer spirituellement la société.

Les quatre éléments sont à regarder en premier lieu dans les temples et dans toutes les communautés où la tradition est maintenue vivante, dans les cœurs et les âmes. La symbolique qui les lie à la matière, à la Nature, mais aussi à l'Esprit n'est pas facile à comprendre et nécessite une approche qui fait appel à une démarche ésotérique.

La Maçonnerie est une école initiatique parfaitement adaptée à un tel processus. Elle assure à tous les Hommes de bonne volonté la possibilité de transmuter les éléments fondateurs, afin de retrouver de nouveaux espaces de création.

Toute l'existence humaine est basée sur ce principe de transmutation. Il permet, compte tenu des efforts accomplis, l'émergence de nouvelles valeurs entraînant les adeptes dans des sphères de recherche associant naturellement les fonctions initiatiques exotériques, mésotériques et ésotériques dans le but d'harmoniser volonté et liberté et donner du sens à l'Objectivité de la condition humaine.

Le rôle des lumières

C'est à partir de la Renaissance que la symbolique des quatre éléments, en association avec la notion de liberté, a véritablement disparu en tant que moteur de réflexion philosophique. En effet, la science a identifié la composition chimique de chacun des éléments et clarifié les interactions qui les lient au cycle de la vie.

Dès cette époque, la raison s'est substituée au mystère ce qui a augmenté les espaces de liberté extérieure, et surtout isolé l'Homme des forces de la Nature et de la symbolique qui lui est associée.

La notion de liberté a été alors intimement couplée à celle du progrès qui par la mise en place d'une méthode scientifique a peu à peu imposé ses lois à l'ensemble de la planète.

Toute la symbolique des quatre éléments a donc disparu de la pensée humaine en tant que référence intérieure et existentielle. Elle est heureusement encore utilisée et transmise au récipiendaire, par la voie initiatique, dans le rituel maçonnique Ecossais Ancien et Accepté (R.E.A.A.). Elle n'est donc pas totalement perdue et ses vertus retrouveront tôt ou tard force et vigueur auprès des édiles politiques, afin que renaisse cette conscience du Tout.

Le progrès scientifique et la raison

Mais que veut laisser croire le progrès scientifique, plutôt la méthodologie du progrès. Elle enseigne que l'Homme est seul maître de son destin et qu'il a les capacités de trouver et de vivre son bonheur à l'intérieur d'une société gérée par des échanges commerciaux, étroitement associés aux notions illimitées du progrès scientifique et technologique.

Elle affirme, ensuite, qu'il est illusoire de chercher autre chose ailleurs et en dehors de cette pensée, sous peine d'entraver la bonne marche de l'évolution.

Enfin, elle rejette l'utilisation des capacités irrationnelles humaines développées grâce à la pratique de l'intuition, de la prémonition, de la perception extrasensorielle et de l'ésotérisme.

Dans le cadre de la méthodologie du progrès, rien n'existe au-delà de l'Homme et de sa capacité à conceptualiser. La limite à ne jamais franchir est celle de la raison qui certifie par l'expérimentation ce qui est juste hors de toute prise de conscience d'une harmonisation sociétale.

Une telle idéologie a davantage besoin d'hommes responsables, performants, pragmatiques et sans état d'âme que d'individus idéalistes et sensibles.

Cela entraîne que la société privilégiera le type caractérologique « prédateur » avec toutes ses conséquences ; à savoir, la primauté du combat sur le consensus et surtout le besoin viscéral de dominer et de gagner. Cette attitude a un effet pervers, car elle intègre intimement dans la conscience une morale de comportement caractérisé par : « ce que l'un gagne l'autre le perd ».

L'idéologie de la compétition a supplanté l'idéal de coopération entre les hommes que l'éthique maçonnique appelle la fraternité. Il est difficile pour le Maçon de rester impassible devant une telle évolution, car les rituels enseignent que le partage des richesses et le respect de la dignité humaine sont des éléments clés pour engager une évolution spirituelle.

L'une des conséquences est que cette nouvelle société donne plus d'importance à l'expansion d'un marché économique qu'à la gestion des intérêts d'une communauté humaine. Elle admet que chaque individu a des capacités d'adaptations phénoménales et ne prend pas en compte, ni gère les moins performants. Pour bénéficier des plus-values matérielles de cette méthode, il faut en quelque sorte ne jamais contester le bien-fondé de son principe fondateur.

Est-ce une nouvelle liberté ou un enchaînement de plus ?

La question est ouverte et chaque Maçon pourra y répondre selon sa conscience.

Mais peut-on raisonnablement penser que l'on doive associer en tout temps et partout la notion de bonheur de vivre ensemble dans le respect des diversités matérielles et spirituelles avec celle d'une participation à une course effrénée, rythmée par les incessantes découvertes du génie rationnel humain ?

Le bonheur comme but suprême

Il semble bien qu'aujourd'hui le bonheur défini par cette méthode soit intimement lié à un état de stress, dont les causes sont à rechercher dans la concurrence commerciale qu'exigent la productivité et la diminution drastique de la durée de vie des produits manufacturés.

Les conséquences sont doublement dramatiques, en premier lieu pour l'Homme, qui ne trouve plus le temps de s'intéresser à sa destinée personnelle, mais aussi pour la terre qui ne peut plus « digérer » la quantité phénoménale de déchets apportés par la modernité.

Ce bonheur-là est issu d'une pensée unique qui présuppose que tout doit s'adapter en permanence ou mourir. C'est la nouvelle loi qui est proposée aux hommes d'aujourd'hui.

Mais c'est aussi la loi de la survie des espèces qui laisse à penser que la méthodologie du progrès ne propose pas en finalité l'élimination progressive des êtres non adaptés afin de créer une nouvelle race, parfaitement à même de trouver du bonheur et de la liberté dans une société homogène, épurée de tous les individus improductifs ?

Un tel raisonnement met en évidence la fragilité du processus démocratique et de l'article premier de la Déclaration Universelle des Droits de l'Homme. « Tous les hommes sont nés libres et égaux en dignité et en droits. Ils sont dotés de raison et de conscience et devraient se rencontrer dans un esprit de fraternité ».

Les conséquences de l'économie

L'augmentation du niveau de vie de l'ensemble de la population est évidemment une bonne stratégie.

Mais, ne fait-il pas la part trop belle à la méthode, indépendamment du niveau de satisfaction des individus consommateurs ?

Il semble que la réalisation d'objectifs financiers, tels que ceux de l'augmentation continuelle du profit et de la croissance, oriente les décisions entrepreneuriales au détriment de l'humain. Elles entretiennent le multiple au désavantage de la synthèse et oublient volontairement tout l'aspect culturel et social.

Dans une telle logique, l'Homme désargenté est oublié et n'existe plus.

La fracture sociale semble inéluctable et favorisera le retour des castes et de la ségrégation de la société par l'argent.

De même, on peut penser que la Déclaration Universelle des Droits de l'Homme deviendra obsolète, comme du reste la démocratie qui montre ses limites, dans un système où la rapidité des décisions l'emporte toujours sur l'établissement d'un consensus représentant l'expression naturelle de la diversité des intérêts.

Quelle est loin cette liberté naturellement associée à une responsabilité sociale prônée par le Frère Condorcet pendant la Révolution française !

Il voulait certainement dire qu'aucune liberté ne peut être dissociée d'un processus d'évolution spirituelle, car les nouvelles valeurs issues d'une action entrepreneuriale doivent naître du cœur de l'Homme et non pas seulement d'une logique méthodologique.

Toute activité doit déboucher sur des actes concrets, qui assurent la cohésion de la communauté humaine, par la reconnaissance de la richesse des diversités ethniques et culturelles.

Mais que faire quand le veau d'or trône sur la place du village ? L'adorer, le déifier, lui parler comme à un ami, lui demander aide et protection, développer une religion afin de transcender son pouvoir en salut ou, finalement, le combattre.

Le contenu de la liberté dépendra du choix que chacun fera. Sera-t-il matériel et organisationnel à l'instar de toutes les actions prises aujourd'hui par les élites politiques et entrepreneuriales ? Ou sera-t-il spirituel et au service d'une construction artistique dont la Beauté se reflètera dans toutes les volontés ?

C'est bien sûr une interrogation idéaliste, mais les chemins qui mènent à la Vérité sont multiples et il faut laisser de la place à toutes les sensibilités et mérites humains.

Mais, conjointement, il est nécessaire de combattre la méchanceté et la malveillance, par l'intelligence du cœur, tout en sachant se distancier lorsque les voies sont confuses et impénétrables.

Ce sont les vertus du cœur et du travail qui doivent essentiellement animer le Maçon d'aujourd'hui pour affronter les discours dominants de ce début de millénaire.

Il existe un hiatus entre le progrès technique et la satisfaction de vivre harmonieusement dans une communauté humaine. Il semble que l'adaptation au progrès génère l'avènement de forces œuvrant en bas à savoir plus proche de la matière que de l'esprit.

Cette situation est véritablement préoccupante pour les Maçons travaillants à la gloire du G.A.D.L.U., car les Frères développent dans les Loges un rapport intime avec leur conscience, ce qui favorise la création d'espaces spirituels permettant de mieux appréhender et définir la liberté de conscience et la liberté communautaire.

Le bien-fondé de la voie initiatique

La voie initiatique œuvre tout d'abord sur l'individu en lui apportant une certaine maîtrise de la dualité. Puis elle l'entraîne doucement dans la communauté des hommes, afin que les qualités révélées puissent être utiles à tous. Cela se traduit en fait par un transfert d'énergie étroitement lié à la conscience d'être qui génère ensuite les forces de cohésion nécessaires à la vie communautaire et à la reconnaissance fraternelle de tous les membres de la communauté.

On sait que transmettre le mal est aussi facile que de transmettre le bien.

Le Maçon doit faire la différence, d'où son attachement à la qualité des rapports humains. Il a par conséquent besoin de ses Frères, pour apprendre et comprendre toutes les facettes de la dualité et pour s'affronter à lui-même. C'est dans ce rapport privilégié de la conquête du « moi » inclus dans la conscience du collectif de la Loge que se prépare le monde de demain.

Le capitalisme libéral dans son essence est une méthode qui a une logique propre qui ne s'adresse pas à la conscience des hommes. C'est un système conçu et réalisé sur les notions d'échanges et sur la gestion des profits.

Pourra-t-il développer le sens communautaire tel qu'il est ressenti dans une Loge maçonnique et sera-t-il l'outil idéal pour l'édification du temple universel ?

Il est bien difficile de le savoir aujourd'hui. Mais sous sa forme actuelle, à savoir dans son optique de compétition marchande, il ne développe pas les forces de cohésion de la communauté humaine puisqu'il émet un jugement sur le mérite de chacun et génère une hiérarchie de compétence.

Cette dernière n'est pas mauvaise en soi, mais ce qui pose problème c'est la concurrence des compétences associées à une optique marchande, car elle engendre des fractures psychologiques néfastes et des exclusions.

D'autre part, en privilégiant le gain à tout prix, le capitalisme développe le sentiment de supériorité et la notion de puissance ce qui débouche inévitablement sur des rapports humains conflictuels et sur des guerres.

D'ailleurs, ne dit-on pas aujourd'hui qu'il y a une guerre économique de fait entre l'Europe et les États-Unis d'Amérique, sans que personne s'en offusque. La guerre est aujourd'hui officialisée parce que la puissance et l'idéologie de compétition ont supplanté le partage et l'idéal de coopération.

Enfin, le capitalisme ne reconnaît pas l'Homme dans ses composantes culturelles et spirituelles tout au long de son parcours terrestre, de même qu'elle ignore ses aspirations existentielles.

Les nécessités existentielles

La notion de liberté doit être appréhendée par une approche symbolique, mais aussi pragmatique, sous peine d'entrer en conflit avec toutes les frontières conceptuelles, que chacun crée à ses dépens.

L'une de celles-ci est la question de l'asservissement aux quatre éléments, et de la bonne santé physique et mentale. Car, dès qu'une maladie apparaît, on ressent avec beaucoup d'amertume cette filiation originelle et on est confrontés inéluctablement à la question de l'immortalité des quatre éléments et de la mort de la liberté conceptuelle.

Face à un tel dilemme, on peut raisonnablement se poser les questions suivantes : comment se fait-il que des éléments aussi simples puissent survivre, alors que l'Homme, qui dispose de la conscience et de l'intelligence, reste mortel ? N'y aurait-il pas quelque chose dans la conscience qui survivrait à la mort physique ?

Cette dernière interrogation devrait générer une attitude d'humilité et de respect devant l'extraordinaire complexité de la matière, de sa capacité d'évolution et de son mystère.

Mais malheureusement, l'Homme a voulu s'affranchir de cette filiation en manipulant les énergies, au fur et à mesure de leur découverte, pour son seul profit et pour son désir de puissance et de domination.

En s'affranchissant des quatre éléments, il a déchaîné le monde du Bas. Il doit aujourd'hui le combattre, sous peine de disparaître. Mais en a-t-il la volonté ?

Heureusement, les comportements liés au rejet ne sont pas généralisés. Des hommes[36] travaillent sur l'élaboration de nouvelles relations entre la science

---

[36] . L'auteur anglais Rupert Sheldrake a développé le concept de résonance morphique qui utilise la notion ancienne du champ morphologique de recherches touchant la télépathie et la métaphysique. L'américain Terence Mckenna est connu par ses spéculations sur les origines de l'espèce humaine. Le mathématicien américain Ralph Abraham est impliqué dans le développement de la théorie des Systèmes dynamiques.

et l'Homme, en essayant de comprendre les processus de la vie en termes d'évolution et non plus dans leurs relations immuables avec les lois qui régissent les comportements physiques.

De cette manière, la théorie des champs morphogénétique de Sheldrake restitue le savoir dans un tout organisationnel symbolique par la gestion des divers niveaux d'énergies à l'instar du rituel maçonnique qui révèle à l'impétrant des champs d'énergie au fur et à mesure de son élévation dans la démarche initiatique par grade.

Le niveau de conscience

L'élargissement du niveau de conscience d'un concept ou d'une émotion n'est pas inné, comme pourraient le laisser croire les lois physiques qui régissent le vivant. Il n'apparaît que s'il existe une force exprimée par une volonté sincère d'évoluer.

C'est évidemment dans cette relation d'une volonté irrationnelle et des lois prouvées par l'expérimentation que se situe la clé d'une nouvelle façon de concevoir l'Homme dans son environnement physique et d'approcher le concept d'immortalité.

Toutes les religions et théories philosophiques tentent d'apporter des réponses ou, mieux, des interrogations nouvelles aux hommes de bonne volonté, qui s'interrogent sur la mort.

La grande difficulté dans le monde matérialiste est que cette recherche spécifique de la Connaissance nécessite l'abandon de la rationalité propre à la méthode scientifique et conjointement la reconnaissance de nouvelles valeurs, sous peine d'errer en permanence dans le monde de l'intellect et de ne jamais voir les étoiles.

La première valeur est qu'il existe dans l'Homme un état de bonté qui fonctionne comme une génératrice fournissant de l'énergie et qui favorise l'intuition et l'élargissement du niveau de conscience.

La deuxième est que l'Homme est perfectible dans toute l'acceptation du terme et que cette perfectibilité est de nature holistique.

Enfin, il est illusoire de penser que la méthode conceptuelle analytique fournira une réponse à tout. Elle est nécessaire, mais pas suffisante.

Le grand mérite de cette nouvelle science telle que la proposent les trois écrivains-philosophes cités plus haut est qu'elle donne enfin de l'importance à l'Homme. Ainsi qu'à sa capacité à relier le visible et l'invisible à travers des niveaux énergétiques.

Le travail qui reste à faire est immense, mais il a débuté aujourd'hui.

La Maçonnerie reste à cet égard une école particulière et nécessaire, car elle donne du sens aux mythes et légendes à travers une cohérence initiatique, qui est la clé pour comprendre son imagination.

Aujourd'hui, les notions de chaos et de créativité sont essentielles pour comprendre et vivre le processus évolutif. Il n'y a pas si longtemps, le chaos engendrait une peur existentielle par la reconnaissance du néant couplé naturellement au hasard.

Cette peur existe encore, mais elle est plus interrogative et donc à même de s'insérer et d'influencer un processus d'évolution comme un catalyseur influe sur une réaction chimique. De cette manière, les hommes éradiqueront les guerres qui ne se construisent que sur les peurs et qui n'existeraient pas si le niveau de conscience de la communauté des hommes était plus élevé.

L'Homme n'a pas la conscience spontanée de ce qui est bon ou mauvais. Il est emprisonné dans un réseau de valeurs où cohabitent des forces dantesques retraçant d'une manière permanente, et souvent confuse, son passé et son devenir, confrontés au présent. Cela signifie qu'il est nécessaire de clarifier la source d'où partiront les actions, car elle peut être construite dans le respect, ou l'irrespect, des lois qui encadrent nos comportements physiologiques et psychiques.

La perception d'une conscience de l'existence d'un Tout indifférencié, omniscient et omnipotent permet en fait d'approcher cette source.

Plusieurs voies permettent d'accéder à cette conscience.

Les différentes démarches spirituelles

La Maçonnerie propose la démarche initiatique par l'étude de la Gnose. Le Maçon tente en fait de se perfectionner en taillant constamment sa pierre brute, ce qui le libère des servitudes inutiles en lui donnant des espaces de liberté qui l'amèneront à repenser les notions de responsabilité et du devoir accompli.

La recherche de la Vérité passe nécessairement par la reconnaissance du couple liberté et responsabilité. Cette attitude qui, à première vue, semble contradictoire avec la notion générale de la liberté, souligne l'imperfection ontologique de l'Homme soumis aux éléments, mais aussi la possibilité d'une recherche vers la Vérité.

Le Maçon doit donc résoudre une équation dont il sait pertinemment que les solutions ne sont que transitoires et éphémères s'il ne peut pas les transcender. C'est évidemment le but de la démarche initiatique par l'étude de la Gnose qui génère un élargissement de la conscience pour apporter du sens et une cohérence à tout ce qui pourrait limiter la liberté.

Évoluer n'est donc rien d'autre que retrouver une nouvelle liberté issue de la transcendance des valeurs générées par le processus d'évolution.

Tout doit être consommé. En fait, tout doit être vécu afin que chaque tension, chaque fracture de la conscience puissent être le déclencheur d'un nouvel état de conscience élargi et libératoire. De là, on mesure avec plus de pertinence les différences entre la voie initiatique et dogmatique.

Dans la première, tout est en devenir par sublimation du présent et du passé tandis que la deuxième fige à tout jamais le présent dans une pensée culpabilisatrice.

L'état d'esprit dogmatique n'est plus du tout compatible avec la notion de progrès. C'est la grande nouveauté de ce début de millénaire.

Le processus d'évolution par la voie initiatique est paradoxal puisqu'il nécessite une fracture de la conscience dans une pensée collective. C'est de la juxtaposition d'une démarche individuelle et collective que naît la conscience de la communauté qui devra s'adapter à la modernité.

Il ne faut donc pas assombrir ce qui est le résultat du niveau de conscience, car il n'est en fait que le produit de l'esprit. Nier ce génie c'est comme refuser la vie. Il faut au contraire constamment s'adapter. C'est par la façon dont on concevra les arts de l'adaptation par l'établissement d'un véritable code de déontologie en relation avec l'éthique que naîtront les espaces de liberté. S'adapter ou mourir est les deux vérités de la vie communautaire.

La notion de liberté est aussi associée au temps et aux cycles de la transformation de la matière et des idées. Elle pourrait servir les intérêts de cette transformation et tout particulièrement celle de l'organisation des sociétés humaines.

La vraie question reste donc de savoir si les notions de liberté et de justice sont issues de la raison raisonnante ou d'un concept subtil élaboré par une élévation spirituelle.

D'autres voies sont-elles possibles ?

Une telle interrogation pose les notions de l'objectivité et de la subjectivité, ce qui amène tout naturellement à considérer les philosophies orientales. En particulier le taoïsme, car si tout est objectivement existant dans un état absolu, la perception du dit état crée une sorte de vision personnelle subjective agissant comme un filtre déformant la réalité objective.

Le rôle de la conscience serait de composer avec ce filtre afin de discerner ce qui a été déformé par la volonté. En fait, c'est une démarche qui s'associe avec le karma. Celle-ci se traduit par des attitudes fondamentalement personnelles le plus souvent en désaccord avec la morale dominante, car le contexte des faits incriminés est atemporel. Il faut le plus souvent recréer la situation communautaire appropriée à la réparation. Ce qui n'est pas facile, quand l'acte répréhensible a été commis dans un contexte politique différent de celui de l'époque de la prise de conscience.

Morale et justice

Il est difficile de parler de liberté et de justice quand le contenu de l'acte provenant de l'irrationnel crée de toutes pièces un drame personnel qui devra nécessairement se résoudre en utilisant la raison.

La destinée humaine est la résultante d'un drame cosmique immense dont tous les hommes sont les acteurs presque aveugles. Retrouver la Lumière c'est percevoir une partie de ce drame.

En discriminant le rationnel et l'irrationnel, on sait que ce ne sont que des mots qui n'ont pas d'autres sens que celui qu'on leur donne. En fait, ils ne sont là que pour initier un processus d'évolution qui amènera tous les impétrants vers un nouvel état, qui est la Bonté.

Ainsi quitteront-ils les processus dynamiques des formes pour être enfin les fils de la Lumière.

Mais sur terre, la raison juge sur les faits tandis que la Justice divine dans son sens le plus large prend en compte l'intention et les faits. Ce n'est que lorsque ces deux notions sont réunies qu'il existe une réalité objective d'un acte vrai et juste qui libère des espaces de conscience.

La notion de Justice divine peut dans un tel contexte être comprise en termes d'évolution et se distancer de la justice définie par la raison raisonnante. De tels actes libératoires n'apaisent en rien les interrogations primordiales, car tout est en mouvement y compris la pensée.

Rien ne peut se figer sous peine de provoquer une tension encore plus forte. Rien ne peut arrêter la volonté d'évoluer, car tout est en équilibre instable parce que le repos n'est qu'une réalité acceptée par les hommes qui ne sont pas libres.

Tel est le paradoxe du Maçon libre et de bonnes mœurs.

Il existe un déterminisme du doute implacable auquel l'Homme s'affronte depuis la nuit des temps.

Qui sommes-nous ? Où allons-nous ? Et d'où venons-nous ?

Voilà les trois piliers de l'Interrogation primordiale qui est la base de la Conscience. Ces tensions interrogatives sont la clé d'un processus de conscientisation qui libère peu à peu des espaces de liberté et donne du sens à la vie et à la mort.

La perception de la liberté pour le maçon est indissociable du processus initiatique qui peu à peu lui fait comprendre qu'en tout homme existe un état de Bonté qui est le fond commun de la conscience universelle. Vivre cette Bonté, c'est savoir où se situent en définitive les limites de l'honnêteté d'ici-bas et de sa croyance en l'immortalité de l'âme.

Conclusion

La notion de liberté est évidemment perçue comme un concept puisque l'Homme a une conscience et qu'il a besoin de son intelligence pour vivre sa destinée humaine, en acceptant qu'elle ait le produit d'un drame magnifique qui lui ouvre, grâce à l'utilisation des lois de correspondance, les chemins enivrants et symbiotiques de l'invisible.

Mais elle est aussi un art puisqu'elle est, en soi, le lien et le catalyseur qui assurent la mise en forme harmonieuse de toutes les idées qui amèneront plus de justice et plus de paix sur cette terre afin que « tous ensemble et ensemble pour tous » retrouvions les chemins illuminés de la Conscience du Tout symbolisé par le G.A.D.L.U.

Le prologue de Jean, symbolique maçonnique ?

« L'important n'est pas de parler de Dieu, mais de vivre Dieu à l'intérieur de soi »

« Si vous cherchez la Vérité et que vous l'avez trouvée, cherchez encore », Montaigne

Introduction

Saint Jean-Baptiste et Saint Jean l'Évangéliste sont évoqués dans le rituel du premier grade du R.E.A.A. à la clôture des travaux lorsque le Vénérable Maître demande au premier Surveillant : « Comment s'appelle la Loge », il est alors répondu que « c'est une Loge de Saint Jean » et, à la question suivante : « Pourquoi » le deuxième Surveillant répond : « Parce que Saint Jean-Baptiste et Saint Jean l'Évangéliste ont été les patrons des anciens Maçons ».

Mais la réponse n'est pas complète puisque le Vénérable Maître demande au deuxième Surveillant : « Allez-vous plus loin » et il répond : « Saint Jean-Baptiste est le précurseur de la Lumière ; Saint-Jean l'Évangéliste disciple du Maître est celui qui a rendu témoignage de la Vérité et qui a été choisi de transmettre aux hommes l'Évangile de l'Amour, et il est enfin considéré comme un initié parfait ». Les symboles utilisés dans ce dialogue sont d'origine biblique et cosmique. Ils attestent d'une relation étroite entre les deux Saints qui tous deux sont célébrés en concordance avec les deux solstices.

Saint Jean-Baptiste est associé au solstice d'été (temps) et au tropique du Cancer (espace), alors que Saint Jean l'Évangéliste est associé au solstice d'hiver et au tropique du Capricorne. Les deux Saints Jean sont fêtés par la communauté chrétienne, respectivement, les 24 juin et 27 décembre. De même, les Maçons consacrent à ces célébrations des tenues et des agapes.

Ces manifestations suscitent des interrogations sur la destinée humaine ainsi que sur sa dimension transcendantale symboliquement représentée par la Lumière contrastée que provoquent les deux solstices, preuves récurrentes du mouvement perpétuel et de l'éternité ainsi que de l'espace et de l'infini.

Symbolismes astrologiques

À ce stade de l'analyse, il faut s'intéresser à l'importance de la symbolique astrologique [37] associée aux deux solstices.

---

[37] . Pour comprendre le genre de rapport entre les astres et nous, il faut imaginer l'univers comme un Etre immense dont chaque partie est en interdépendance avec

Saint Jean-Baptiste, précurseur de la Lumière est celui qui fait prendre conscience de celle-ci, mais ne la crée point. Associé au Cancer, signe cardinal et à dominante d'eau, il informe sur la sensibilité germinative de la lumière qui doit naître du sentiment vécu et non point de la force d'un raisonnement.

Ainsi, l'Homme qui ressent les vertus transformatrices du Cancer est à même de percevoir ce qu'il cherche s'il veut bien utiliser les composantes symboliques du signe qui consiste à vivre ses sentiments dans la réalité énergétique du solstice d'été. En effet, la Lumière est alors la plus forte parce que le soleil est au plus haut sur l'horizon.

Cet instant particulier, qu'exprime la Saint Jean d'été, est évolutif, car sous l'influence conjointe d'un ressenti à dominante lunaire et d'une force solaire à son apogée, qui autorise la naissance d'un foyer cosmique (symbolisme de la maison quatre).

À l'opposé du signe du Cancer se trouve celui du Capricorne placé sous la maîtrise de saturne, planète cardinale et de terre, reliée symboliquement au milieu du Ciel et proche de l'étoile Polaire.

Cette dernière fut importante dans la mythologie égyptienne et biblique parce qu'elle ne bouge pas

---

les autres. Une même vie circule entre les différentes parties de cette globalité, car chaque élément n'a de sens que par rapport aux autres. Tout tient à tout. L'Homme est un petit univers particulier (microcosme) semblable au Grand Univers dont il fait partie (macrocosme); et comme chaque partie est à l'image du tout, de l'examen de l'une, on peut connaître l'autre par analogie.

tout au long de l'année dans la voûte étoilée. Sa symbolique atteste de l'immuabilité de l'essentiel, quelles que puissent en être les vicissitudes propres à l'évolution des sociétés.

Saint Jean l'évangéliste est le disciple du Maître, car il traduit dans la réalité (signe de terre) les vertus de la Lumière ressentie dans l'eau du cancer. L'Evangile de Jean, avec ses trois épîtres et une Apocalypse, est né sur l'axe Cancer-Capricorne ce qui lui confère un caractère mystique particulier.

En Maçonnerie, la Bible également appelée le « Volume de la Loi sacrée » est l'une des grandes lumières dans le R.E.A.A.

Dans la Loge Fidélité & Prudence, elle est déposée sur l'autel de la Vérité et ouverte à l'Evangile de Jean.

Le signe du Capricorne placé au plus haut dans le ciel est l'endroit parfait pour transmettre tout ce qui est important au devenir de l'Homme en particulier et de sa communauté en général.

Saturne, maîtresse du signe, planète froide, persévérante et affranchie de toute subjectivité communiqueront l'essence du contenu de l'évangile de Jean, à savoir la Vérité par l'Évangile de l'Amour, mais aussi tout ce qui touche à la substance maçonnique, émanation naturelle de l'essence symbolisée par le G.A.D.L.U.

Mais l'essentiel se trouve finalement dans l'échange du Vénérable Maître avec le premier Surveillant qu'il interroge à nouveau sur la Loge de saint Jean et à qui il demande : « Quelle est la signification mystique de ma demande et de votre réponse ». Le premier Surveillant répond : « La première nous incite à méditer l'origine et le mystère des Choses, la seconde nous fait souvenir que la Maçonnerie bien entendue nous propose des symboles qui conduisent l'esprit vers le Juste et le Vrai ».

Cette dernière phrase confirme que le rituel est une exégèse mythologique et non théologique et littérale comme aurait pu le laisser croire le premier dialogue avec le deuxième Surveillant.

Exégèse mythologique

Avant d'aborder le prologue de l'évangile de Jean proprement dit, on va examiner ce que signifie l'exégèse mythologique pour un Maçon en se rappelant tout d'abord que le mythe est à la fois une réponse sensitive et imagée, celle que la pensée humaine apporte aux nombreuses questions primordiales touchant à l'origine du monde et sa cause, tout comme à la mort et son mystère et comme à la vie et au sens qu'elle peut revêtir, puisqu'elle est aussi une véritable histoire sacrée.

Afin d'illustrer celle-ci le rituel du R.E.A.A. utilise des symboles provenant de nombreuses cultures : cosmiques avec la lune et le soleil, pythagoriciens avec les quatre éléments et le G.A.D.L.U., bibliques avec le Volume de la Loi sacrée, compagnonnique avec le fil à plomb, le niveau et l'équerre, alchimiques avec V.I.T.R.I.O.L.[38], universels avec les couleurs et enfin proprement maçonniques avec le cabinet de réflexion et les trois points.

Cette grande diversité de l'origine des symboles est la confirmation éclatante que les concepteurs du rituel veulent donner au mythe d'Hiram une dimension spatiotemporelle hors du synchronisme du temps et de la géographie terrestre.

Il est intéressant de noter que toutes les précautions sont prises dans la dimension mythique maçonnique afin d'éviter une exégèse littérale. En effet, seul compte le combat intérieur et le respect qui lui est dû ; car le mythe est une épopée, une sorte de grande aventure de la lutte du genre humain pour retrouver de la clarté intérieure et le sens de la vie.

Cette lutte entre le bien et le mal, entre les intentions perverses et sublimes qui s'affrontent dans la psyché humaine est la réalité de la condition humaine. La clarté initiatique découlant d'un rituel maçonnique n'est qu'une lucidité nouvelle, développée par le mythe qui éclaire sur le mal qui aveugle en développant l'égoïsme, la vanité et l'orgueil, mais aussi sur le bien, qui permet d'harmoniser les fonctions matérielles et sexuelles et finalement, de vivre une spiritualité libre de tout dogme.

---

[38] . Visita Interiora Terræ Rectificandoque Invenies Occultum Lapidem soit : Visite l'intérieur de la terre et en rectifiant tu trouveras la pierre cachée.

L'éthique, dans un tel contexte, sera de considérer la Vie, seule réalité tangible perçue par la raison, comme le bien le plus précieux préexistant à toute société humaine, et d'en comprendre son sens tout au long du parcours ici-bas.

La Vérité pour le Maçon est la loi de l'harmonie, car rien n'est plus équilibré que la création humaine puisqu'elle est la source principale de l'entendement. La difficulté consiste en fait à vivre une loi d'amour dans une dynamique comportementale toujours changeante.

L'Art royal des Maçons représente cette culture de l'adaptation dans une conscience altruiste de la communauté symbolisée par l'édification du temple universel.

Les Évangiles

L'Évangile (littéralement : heureuse nouvelle) de Jean figure dans le Nouveau Testament. Il s'appelle dans la Loge maçonnique « Volume de la loi sacrée ». Il est placé sur l'autel de la Vérité et ouvert au premier chapitre. Dans le rite dit de Ruchon, il est recouvert de deux épées croisées et éclairé par un chandelier à trois branches placé du côté de l'Orient.

La signification de cette disposition doit être recherchée conjointement en relation avec la substance propre du rituel maçonnique de Ruchon et avec celle de l'Ancien et Nouveau Testament, car elle est l'aboutissement éclairé d'un processus dynamique des idées.

En effet, si la Genèse évoque la souffrance pathologique liée à la chute (perte du paradis) et de l'avènement de la conscience, l'Ancien Testament insiste surtout sur les efforts que doit entreprendre l'Homme, pour s'affranchir de cette souffrance. Le Nouveau Testament s'attache aux possibilités pour l'Homme de trouver une issue vers la félicité.

Enfin, le Prologue de l'Évangile de Jean indique que cette démarche vers la joie est conforme au sens évolutif de la vie terrestre, dans l'intégralité d'un processus cyclique. La signification ésotérique du Prologue est donc claire, il donne les clés pour affronter le mystère de la mort et du sens de la vie.

Prologue de Jean

1. Au commencement était le Verbe et le Verbe était auprès de Dieu et le Verbe était Dieu.
2. Il était au commencement auprès de Dieu.
3. Par lui, tout a paru et sans lui rien n'a paru de ce qui est paru.
4. En Lui était la vie et la vie était la lumière des hommes
5. Et la lumière brille dans les ténèbres et les ténèbres ne l'ont pas saisie.
6. Il y eut un homme envoyé de Dieu, son nom était Jean.

7. Il vint en témoignage pour témoigner au sujet de la lumière, afin que tous par lui fussent amenés à la foi.
8. Celui-là n'était pas la lumière.
9. C'était la lumière, la véritable, qui illumine tout homme en venant dans ce monde

Premier et deuxième verset

Le premier verset « Au commencement était le Verbe et le Verbe était auprès de Dieu et le Verbe était Dieu » est fondamental quant à un éclaircissement sur le fondement épistémologique de la pensée humaine. En effet, le mot Verbe qui se dit en latin « verbum » est la traduction du mot grec Logos signifiant la parole[39]. Le Verbe est donc la Parole du G.A.D.L.U.

Il symbolise le fait évident pour l'esprit de l'Homme que le monde ne peut pas être conçu comme un effet sans cause ni comme l'effet d'une cause identifiable. Il est donc créé comme l'effet d'une cause identifiable qui ne peut être imaginée que dans une dimension humaine[40]. L'important est finalement le mystère de la création et non la création en elle-même comme le souligne le premier

---

[39] . Cf. Paul Diel et Jeannine Solotareff, Le symbolisme dans l'évangile de Jean, op. cit., p. 47-54

[40] . Cf. Paul Diel et Jeannine Solotareff, Le symbolisme dans l'évangile de Jean, op. cit., p. 47-54

Surveillant dans la clôture des travaux « nous incitent à méditer l'origine et le mystère des Choses ». Ainsi, le Logos, ou la Parole ou la Connaissance est un chemin de vie qui donne accès aux mystères du G.A.D.L.U.

Le Logos est pour le Maçon intimement inclus dans l'ordre maçonnique qui symbolise la légalité et la cohérence du monde dans une dimension initiatique. Le Logos est comme le dit le premier verset : « auprès de Dieu et il était Dieu ». Cela signifie que, pour l'Homme, l'existence du monde suppose qu'elle est issue d'une organisation préalable (Théorie du Big-bang) laquelle demeure mystérieuse. Autrement dit, cela signifie que subsistent deux mystères : la cause inconnaissable de la création et celui de son organisation.

Finalement, le mystère de l'organisation rejoint le mystère des origines[41].

La prise de conscience par le Maçon de ce double mystère ne peut que l'engager à respecter davantage la Vie qui contient en elle toute la substance du secret maçonnique. Vivre cette réalité dans la loi de l'harmonie par l'étude systématique du rapport des symboles les uns avec les autres conduira comme l'indique le deuxième Surveillant à la clôture des travaux : « toutes nos actions vers le Juste et le Vrai ».

---

[41] . Cf. Paul Diel et Jeannine Solotareff, *Le symbolisme dans l'évangile de Jean*, op. cit., p. 47-54

À la fin du premier verset du Prologue, il est dit : « ... et le Verbe était Dieu ». Cette dernière affirmation est pour le chrétien la confirmation du dogme de l'incarnation, puisque le Verbe est compris comme une divinité préexistante, entièrement incarnée par Jésus.

Pour les Maçons, le Verbe est un symbole et Jésus, un homme réel. Ce premier verset montre à l'évidence que le Prologue de Jean représente la source du mythe et non pas celui du dogme de l'incarnation.

L'exégèse mythologique du prologue n'est qu'une explication symbolique de la vie en évolution. Elle interpelle sur le rôle de la conscience du commencement, à savoir aussi loin que l'esprit humain peut remonter dans le temps ?

Elle souligne aussi qu'il faut chercher jusqu'à l'instant imaginé d'une rupture évolutive, traduite en Maçonnerie par la recherche du Juste et du Vrai.

Le processus initiatique qui agit sur l'élévation du niveau de conscience est inclus dans le mythe de l'incarnation. Il a l'ambition de calmer les angoisses existentielles (de la mort, du mystère des origines, etc.) en proposant un chemin qui donne du sens à la Vie et qui rend cette évolution positive.

Aimer ses Frères est la première manifestation tangible de cette reconnaissance, ainsi que l'exprime le premier Surveillant à la clôture des travaux : « Saint Jean l'Évangéliste disciple du Maître est celui qui a rendu témoignage de la Vérité et qui a été choisi pour transmettre aux hommes l'Évangile de l'Amour, et il est enfin considéré comme un initié parfait ».

Transmettre aux hommes l'Évangile de l'Amour nécessite au préalable d'avoir confiance dans un processus initiatique maçonnique qui est évolutif et qui exclut tout dogmatisme littéral et religieux.

Cette confiance est magistralement confirmée par Jean, considéré dans le rituel du R.E.A.A. comme un initié parfait, car en baptisant Jésus et tous ceux qui frappent à la porte du Temple il a tout simplement montré l'importance que l'on doit accorder à une symbolique de la renaissance intérieure, par l'élimination du vieil homme.

Le baptême par l'eau est symbolisé dans le rituel du premier grade du R.E.A.A. avec le deuxième voyage. Il engage le récipiendaire à réfléchir et méditer la symbolique de l'eau, élément dominant du signe du Cancer, qui peut être associé analogiquement à Jean-Baptiste.

Cette approche a pour but de mieux comprendre les vertus d'une renaissance spirituelle qui déboucherait, non pas dans un endroit fermé et austère, mais dans une dimension infinie, symbolisée par L'Évangile de l'Amour.

La confiance qui a été donnée à un ami (parrain du candidat) sera alors récompensée puisqu'elle ouvrira les portes d'un état de conscience où règne plus de Lumière et plus de Justice.

Troisième verset

Le verset trois « Par lui tout a paru et sans lui rien n'a paru de ce qui est paru » signifie que tout ce qui existe et créé ici et ailleurs appartient au mystère de l'origine et au mystère de l'organisation (logos)[42], par le fait que rien ne peut exister dans un isolement total, puisque tout est relié à l'ensemble des faits et des phénomènes connus et inconnus, inclus dans le dynamisme de l'évolution.

Ce verset met en évidence combien la vanité de l'Homme est grande et son orgueil démesuré lorsqu'il désire s'affranchir d'un mystère par la raison. Ce besoin de définir l'inconnaissable par l'intelligence discursive ne peut que produire du malheur et du désespoir, car la certitude dans ce contexte est dogmatique et non évolutive.

L'entendement ne sert alors que la cause du dogme qui n'est en réalité qu'une spéculation coupée de sa dimension mythique.

Une telle attitude aboutit nécessairement au matérialisme dogmatique qui, niant l'évidence du mystère, exalte une philosophie du hasard associée à une pseudo explication d'un dieu prométhéen réellement existant.

Les dogmes sont la plaie de l'humanité, car ils assombrissent la clairvoyance intérieure, dissocient la réalité de son contenu mythique. Ce faisant, ils

---

[42] . Cf. Paul Diel et Jeannine Solotareff, Le symbolisme dans l'évangile de Jean, op. cit., p. 47-54

neutralisent l'entendement de l'évolution spirituel et enferment toutes les potentialités psychiques par nature évolutives dans un carcan linéaire sans horizon.

Mythe d'Ouranos

La compréhension du mythe d'Ouranos permet de mieux comprendre où se situe la naissance du dogme dans la psyché humaine. Car, comme il a été dit plus haut, tout est relié à tout, de même l'intentionnalité, tant positive que négative.

En l'Homme cohabitent conjointement trois puissances énergétiques : la première, chaotique, créative et éruptive, de type uranien, la deuxième, organisatrice et tyrannique de coloration saturnienne et la troisième participative et légale, d'essence jupitérienne, qui par elle seule assure la cohésion d'une communauté.

Elles coexistent dans l'Homme et se révèlent à travers ses actes. Pour que la puissance d'essence ouranienne (créative) évolue jusqu'à la puissance jupitérienne (associative et participative), il ne faut pas rompre l'engagement et la confiance qui lient l'Homme aux mystères de la condition humaine.

Il ne faut point créer de dieu ou d'idoles ni se substituer à eux.

Dans la mythologie grecque, Chronos (Saturne) est la représentation de la puissance tyrannique parce qu'il a émasculé son père Ouranos sur l'ordre de Gaïa sa mère. Puis, il a eu peur de perdre cette puissance par la répétition, par ses propres enfants, de ce qu'il avait fait à son père. Il a donc ordonné de les tuer. Mais Rhéa, épouse de Chronos a soustrait son fils Zeus (Jupiter) à la tuerie et lui a demandé de combattre et d'abattre son père. L'acte accompli, Zeus a partagé la puissance avec Hadès et Poséidon ce qui a permis la venue d'Athéna, déesse de la Sagesse.

Ce mythe montre que la Sagesse naît à la fin du processus évolutif de la puissance. Un dogme, quelle que soit sa nature, reste au niveau de Chronos qui « l'entretient » par la peur et la tyrannie.

Les rituels maçonniques proposent un symbolisme basé sur la Force, la Sagesse et la Beauté afin de quitter la puissance de Chronos du début pour retrouver la sagesse d'Athéna dans la fraternité.

Quatrième verset

Le quatrième verset qui dit que : « En lui était la Vie et la vie était la Lumière des hommes » signifie que le Verbe (Connaissance), associé analogiquement à la Force, contient toute la puissance du mystère des origines et de son organisation ; que cette Force, qui engendre l'organisation de la matière, est la Lumière des Hommes.

La vie est le seul critère que possède l'Homme de la vérité ou de l'erreur objective en ce qui concerne le sens de la vie. Cette complicité psychologique et intime ne peut venir que de son sentiment d'être vivant, d'être en harmonie avec son environnement et de vivre cette relation par la Beauté.

Les Maçons sont les fils de la Lumière. Ils ont choisi d'être seuls face à cette complicité et de la vivre dans l'amour d'une communauté de Frères, pour finalement trouver un chemin personnel qui mène vers l'harmonisation des désirs et la félicité.

Cette solitude nourrie de l'esprit, organisateur de la matière, est en quelque sorte l'état premier de la condition humaine. Mais elle est surtout la clé pour développer l'intuition qui permet de retrouver la substance propre aux mystères, enfouis au plus profond de la conscience.

Le nouvel état qui résulte d'une telle démarche (solitude) se traduit dans la réalité par un charisme qui transmute les doutes sur le sens de l'évolution. Vivre ce charisme, permet d'accorder encore plus de force au silence qui règne dans l'infinitude de la pensée, car il est vraiment le puits sans fond de la créativité.

Boire à ce puits, donne la possibilité de savoir parler-vrai, et de traduire tous les actes volitifs par l'intelligence du cœur.

Il est dit dans le rituel du premier grade après les trois voyages « Que la discipline de l'Apprenti commence par le silence et finit par la méditation ».

Une telle phrase place le Maçon face à sa capacité d'écoute et d'entendement de sa psyché. Et lui permet d'affermir la volonté, car rien ne peut se créer sans une profonde analyse de sa vérité en relation avec la vie en évolution symboliquement représentée par les rituels maçonniques du R.E.A.A.

Cinquième verset

Le cinquième verset « Et la lumière brille dans les ténèbres et les ténèbres ne l'ont point saisie » affirme que la lumière ne ternit pas au contact des ténèbres, mais qu'elle reste toujours pure puisqu'elle est aussi ténèbres dans son essence[43].

C'est à travers la compréhension d'une triade en l'occurrence les trois grandes lumières (Soleil, Lune et l'Orient) que l'explication de ce verset devient lumineuse. En effet, pour l'Homme la perception du monde organisé se réalise à travers une dualité cosmique symbolisée par la Lune et le Soleil qui rythme les saisons, mais aussi le tempérament. Ombre et lumière agissent dans la Nature et par analogie dans le psychisme humain.

Vaincre les ténèbres, c'est-à-dire comprendre l'exaltation des désirs matériels, ce n'est que retrouver la même lumière qui éclaire une nouvelle voie que les Maçons appellent l'Orient. Le rituel dit

---

[43] . Cf. Paul Diel et Jeannine Solotareff, Le symbolisme dans l'évangile de Jean, op. cit., p. 47-54

que « C'est à l'Orient que tout s'accomplit », en effet, ici la triade donne du sens à l'histoire de sa vie et à celles des sociétés humaines.

La prise de conscience de cette dynamique évolutive vers le Beau et le Vrai que symbolise la Lumière est irréversible, car « les ténèbres ne l'ont point saisie ».

Regarder vers l'Orient engage tout homme à savoir vivre et partager, dans la vie de tous les jours, les valeurs cosmiques symbolisées par le Soleil et la Lune, mais c'est aussi reconnaître qu'il existe toujours une vérité sur consciente, au-delà de l'entendement intellectuel, qui permet de lutter contre une tendance subconsciente qui tend à nier l'évolution.

Le pavé mosaïque symbolisant la dualité, présent tout au long de la vie agit sur les plans matériels, psychiques et spirituels.

Le doute qui en résulte est permanent dans la conscience, ainsi le Maçon sait, au fond de lui-même, que la quête de la recherche de la Lumière et plus importante que la Lumière en soi, car il lui est demandé de tailler sa pierre.

Il cultivera donc toutes les vertus propres au travail, c'est-à-dire la ténacité, la persévérance, la confiance en ses Frères et en ses convictions. Il combattra avec force, dans son for intérieur, les tendances contraires.

Ainsi, pourra-t-il cheminer heureux et traverser les vicissitudes de l'existence, sans jamais perdre sa foi, symbolisée par la recherche de la Lumière ?

Sixième et septième verset

Jean-Baptiste est le témoin de la Lumière comme le rappellent les versets six et sept du prologue « Il y eut un homme envoyé de Dieu, son nom était Jean. Il vint en témoignage pour témoigner au sujet de la lumière, afin que tous par lui fussent amenés à la foi. »

Il est considéré en Maçonnerie comme un initié parfait et symbolise l'élan intérieur qui caractérise tout homme qui veut témoigner de la lumière. Cet élan, cette ferveur sont la quintessence de tous les actes volitifs accomplis dans l'esprit de l'Orient.

Il représente une sorte de point d'équilibre extatique, béatifiant la qualité de l'instant ressenti lors d'une initiation par exemple par l'élargissement du niveau de conscience jusqu'à la perception symbiotique d'une plénitude amoureuse de la condition humaine, associée à l'immortalité de l'âme.

La fraternité maçonnique vécue en Loge est le rappel constant de ce point d'équilibre. Sans elle, rien ne se passe, tout reste figé dans un endroit clos et austère qui rigidifie les plus beaux concepts.

La force de l'initié est à chercher tout d'abord dans la confiance qu'il porte à sa conviction (libre choix) d'adhérer à l'ordre et à celle de son parrain, garant du témoignage de Jean-Baptiste considéré comme un initié parfait.

Dans la dernière phrase du verset qui dit que : « … afin que tous par lui fussent amenés à la foi »

Il faut comprendre que l'évolution spirituelle, telle que la conçoit la voie maçonnique ne peut se faire ni dans un système dogmatique, ni dans une immanence de la Raison, mais dans l'affirmation d'une conviction éclairée et personnelle que la vie a un sens pour soi dans celle des autres et que la clarté qui en résulte débouche sur le respect des droits et devoirs qui découle de la sincérité de sa ferveur (foi).

Huitième verset

Le verset huit dit que : « Celui-là n'était pas la lumière, mais il devait témoigner au sujet de la Lumière ». Il confirme que Jean-Baptiste en tant qu'homme n'est pas la Vérité, mais qu'il connaît la Vérité, puisqu'il doit témoigner sur elle, à l'instar du Maçon, qui est capable, grâce à son initiation, de distinguer le chemin qui mène à la Vérité de celui qui le conduit dans les ténèbres.

La vocation de la Maçonnerie est de perpétuer la Lumière qui habite tous les hommes libres et de bonnes mœurs qui désirent entreprendre le voyage initiatique.

Le devoir est donc clair : il s'agit de ne pas laisser perdre le message de l'Évangile de l'Amour.

Témoigner n'est pas chose facile lorsque la situation politique est contraire à l'idéal éthique découlant de la foi. Il s'agit alors d'être courageux, de ne point faiblir devant les forces dévastatrices matérialistes qui créent de la culpabilité et de la déraison.

Comme Jean-Baptiste, le Maçon continuera à baptiser tout en étant l'ami de ceux qui frappent à la porte du temple. Disponible, prévenant, les jambes dans l'eau du fleuve de la vie et la tête dans les étoiles, il donne avec humilité ce qu'il connaît le mieux : son amour de l'humanité.

Ce message ne contient aucune plus-value matérielle ni reconnaissance sociale, mais pour celui qui témoigne, il est de la plus haute importance, car il donne du sens à sa vie.

Neuvième verset

Le verset neuf dit que : « C'était la lumière, la véritable qui illumine tout homme en venant dans le monde ». Voilà à nouveau les vertus de l'initiation confirmées dans cette phrase qui, par ailleurs, est reprise telle quel dans le rituel du premier grade du R.E.A.A.

Elle engage la responsabilité de l'initié devant la loi éthique qui veut que l'Homme soit concerné par la lumière puisqu'elle « illumine tout homme en venant dans le monde ».

Cette affirmation va au-delà de l'entendement humain immédiat. Elle s'appuie sur ce qui est éternel et sur le mystère de l'origine et le mystère de son organisation dans une traduction éthique et mythique.

Si le verset affirme ce qu'est la véritable lumière, c'est parce qu'il sous-entend qu'il peut exister une fausse lumière.

Le mythe de la recherche de la Vérité passe inévitablement par une lutte impitoyable qui engage l'initié à se libérer des désirs inutiles (fausses lumières) afin de déboucher sur une plus grande lucidité vis-à-vis de lui-même.

La Vérité est d'abord sa propre vérité comprise dans une dimension mythique. Cette nouvelle lucidité permet à l'initié de comprendre l'histoire des civilisations et la sienne en particulier à travers le sens de la Lumière, qui signifie avant tout la vérité sur l'Homme.

Conclusion

« Aime ton prochain comme toi-même » est l'aboutissement naturel de cet effort de vérité qui assure une cohésion créatrice d'une communauté d'homme que la Maçonnerie symbolise par la Loge.

Cette aventure de soi-même dans la conscience des autres, mais surtout dans l'esprit de l'éternelle Sagesse, situe la Maçonnerie comme la société qui témoigne de la Lumière hors de tout dogmatisme et d'autoritarisme culturel.

Le prologue de l'Évangile de Jean est ouvert sur l'Autel de la Vérité. Il relie le mythe d'Hiram symbolisant les efforts que doit entreprendre tout initié qui désire s'affranchir de la souffrance primordiale au mythe du Christ, symbolisant la foi en l'essence de la vie apportée par l'Evangile de l'Amour.

Ces deux mythes inclus dans le cycle évolutif de la condition humaine ne sont actifs qu'à partir du moment où l'initié les fait vivre en lui. Ils forment alors une triade représentant les trois piliers qui soutiennent la base d'un temple universel que les Maçons construisent depuis la nuit des temps.

Être opératif dans ce chantier, apporte à la fois du sens à sa vie et aux mystères de l'origine. Mais il permet aussi de ne pas douter de la qualité du travail accompli, car il est effectué dans un lieu où les outils sont connus de tous et les actes maladroits toujours repris par celui qui observe et œuvre dans l'esprit de l'Éternelle Sagesse.

La conscience du Tout n'a pas de frontières, elle est en permanence dans toute vie. Elle est la Vie au-delà de tout entendement raisonnable.

Notes

Paul Diel et Jeannine Solotareff, Le symbolisme dans l'évangile de Jean, Edit. Payot et Rivages, collection « Petite Bibliothèque Payot », 2004

Loge Fidélité & Prudence, Rituel des trois grades symboliques, Imprimerie ATAR, Genève, 1931

Astrologie, outil d'évolution ?

« Accepter sa propre position dans le Tout le plus vaste auquel on se sent profondément appartenir et laisser le pouvoir du mouvement de la totalité vous mener pas-à-pas, telle est le sens de la vie spirituelle », Dane Rudhyar

« Le monde consiste dans l'Unité de l'unifié, tandis que l'Indépendance divine réside dans l'Unité de l'Unique », Ibn Arab

Introduction

Si le titre de cette planche est interrogatif, c'est pour mettre en évidence le rapport naturellement subjectif qu'il existe entre l'Homme et ses idées.

En effet, l'astrologie caractérise une démarche essentiellement personnelle, qui met en relation l'univers intérieur de l'Homme avec des forces et influences cosmiques.

Croire à une relation des astres sur l'Homme représente aujourd'hui toujours une démarche totalement irrationnelle. Elle est de même nature que celle de la foi et par conséquent ne peut pas être définie comme une réalité objective.

L'astrologie a ses partisans et ses détracteurs, les premiers nient farouchement quelque relation tangible que ce soit entre l'Homme et l'univers, à partir du moment où il n'existe aucune preuve prouvée et établie par l'expérimentation scientifique.

Les seconds, au contraire, s'interrogent sur celle-ci, en cherchant à comprendre, dans l'étude de l'histoire des civilisations, ce que représente la Tradition à travers ses mythes, ses légendes et ses épopées. Une telle démarche débouche inéluctablement sur des interrogations fondamentales concernant l'origine de l'humanité et la destinée humaine.

L'astrologie est un outil symbolique essentiel dans la démarche initiatique maçonnique. Cet outil contribue à une meilleure compréhension de l'Homme par lui-même, en lui apportant des informations qui améliorent son niveau de conscience et de compréhension.

Mais avant de poursuivre plus loin le propos, définissons l'astrologie afin de mieux cerner le champ d'investigation.

Définition

Étymologiquement, l'astrologie est « la science des astres ». Elle implique l'acceptation d'un principe majeur : les corps célestes ont une action sur les phénomènes de la nature en général et sur l'Homme en particulier. De même, l'astrologie s'associe à la fois à une science et un art qui permettent de trouver les correspondances subtiles, les liens invisibles, les influences cachées qui relient les phénomènes terrestres aux énergies créatrices et formatrices de l'univers.

L'astrologue, respectivement cartésien et artiste, a donc besoin de connaître la position exacte des planètes dans le temps et l'espace, mais aussi d'interpréter les aspects planétaires par rapport à une symbolique du zodiaque héritée de la Tradition.

Son travail s'articulera autour de deux principes essentiels qui sont la raison et l'intuition. Mais quels seront les critères garantissant la qualité et la justesse de son interprétation ?

Personne ne le sait, car à l'instar du peintre qui utilise de la couleur, une toile et des pinceaux pour réaliser une œuvre d'art dont la beauté ne reflète que la qualité de sa relation avec son intuition, l'astrologue calcule la position des astres, qualifie leurs aspects et interprète le thème pour toujours plus appréhender une destinée humaine dans sa globalité terrestre et divine sans cesser de mettre à contribution son intuition.

Avant d'entrer dans l'interprétation du thème astral proprement dit, jetons un bref regard sur l'histoire de la Science des Sciences comme aimaient l'appeler les Anciens.

Historique

L'Astrologie débute chez les Sumériens, c'est-à-dire environ 4000 ans av. J.-C., grâce, essentiellement, aux récits d'un prêtre astrologue nommé Bérose, né à Babylone, donc chaldéen, aux environs de 330 av. J.-C. qui a fait connaître les doctrines astrologiques sumériennes.

Ce fut sans doute la première religion des hommes. Ceux-ci contemplant le ciel adorèrent cette infinitude étoilée qui, à leurs yeux, ne pouvait être que divine. Le soleil et la pleine lune, ayant le même diamètre apparent, représentèrent respectivement la lumière du jour et la lumière de la nuit. Ils appelèrent Sin le Dieu-Lune et ils chantaient des cantiques en son honneur. Puis Shamash le Dieu Soleil et, enfin, arriva la fille du Dieu Lune Inini et la déesse Vénus surnommée la déesse de l'Amour. Ainsi était créée la première triade qui fut à la base et l'origine sacrée de l'astrologie.

Chez les Chinois, le Soleil était le principe masculin chaud et sec alors que la Lune était le principe féminin froid et humide. C'est dans la nuit de la pleine Lune que le roi et la reine réalisaient l'union totale du Yang et du Yin. Ces premiers mythes fondateurs influencèrent la science astrale des Assyriens, Babyloniens, Hébreux et Chaldéens.

L'astrologie se structura dans sa forme actuelle chez les Grecs et Égyptiens grâce à des hommes comme Platon [44], Hipparque [45], Hypocrate [46] et surtout Ptolémée Claude [47], astronome, mathématicien, père de l'astrologie moderne qui laissa une œuvre fondamentale, le Tetrabiblos[48].

Ce développement n'aurait certainement pas eu lieu si les philosophes grecs et les prêtres de Thot n'avaient pas préparé le terrain de manière à ce que les astronomes astrologues puissent mettre en harmonie les données scientifiques exactes et leur interprétation symbolique de l'Homme.

Thalès par exemple et son disciple Anaximandre affirmaient que « l'univers est une fermentation cosmique dont la terre est le sédiment, et les astres

[44] . Platon, dans son traité « La République », parle du mystère de la génération en ce bas monde : après avoir choisi son existence terrestre, l'âme de l'Homme reçoit un Daïmôn propre qui le régira durant sa vie incarnée. Il s'agit de l'esprit astral qui anime l'air ambiant au moment de la naissance, et que l'enfant inspire pour la première fois lorsqu'il vient à la lumière. Cet esprit astral est formé du mélange des influences planétaires qui, à partir de la couronne zodiacale, descendent continuellement dans le monde sublunaire pour se corporifier dans la terre, et pour se fixer dans le sang du nouveau-né au moment de sa première inspiration. Cet esprit, pur au niveau zodiacal, se mélange, dans l'air atmosphérique, aux impuretés qu'il contient, se chargeant ainsi d'une certaine humeur corruptive.

[45] . C'est Hipparque qui, ayant pointé du doigt le phénomène de précession des équinoxes en 130 av. J.-C., remarqua qu'une personne ne peut avoir le même signe astrologique selon qu'elle adopte l'astrologie tropicale ou sidérale. En effet, Hipparque souligna le décalage de plus ou moins 1° tous les 72 ans entre ces deux systèmes.

[46] . « Nul ne peut être médecin s'il n'est d'abord astrologue ».

[47] . Manuel d'astrologie : la Tétrabible, traduction du grec M. Bourdin, Les Belles Lettres, Paris, 1993.

[48] . Dieu égyptien généralement représenté comme un homme à tête d'ibis. Dieu de la sagesse et de la magie.

les manifestations extérieures ; quant aux animaux et aux hommes, ils auraient trouvé naissance au sein de l'élément humide sous l'effet de la chaleur du soleil, cet astre étant à la fois dispensateur et symbole de vie ».

Hermès Trismégiste assimilé au Dieu égyptien Thot d'essence lunaire auteur d'une anthologie philosophique intitulée « Corpus Hermeticum » d'où est extrait la table d'Émeraude connue en Maçonnerie et qui dit : « Il est vrai, sans mensonge, certain et très véritable que ce qui est en haut est comme ce qui est en bas et ce qui est en bas est comme ce qui est en haut afin que se perpétue le miracle de l'Unité ».

Deux phrases de Platon tirées du Banquet corroborent et jalonnent ce propos.

La première affirme que « le sexe masculin est produit par le soleil, le féminin par la terre et que la lune participe des deux ». La seconde précise que : « Cette âme nous élève au-dessus de la Terre en raison de sa parenté avec le Ciel, car nous sommes une plante non point terrestre, mais céleste ».

On note, enfin que la théorie des quatre éléments (feu, terre, air et eau) attribuée à Aristote est fondamentale pour la compréhension du zodiaque. Un extrait de son Traité du Ciel constitue un repère édifiant : « Ce monde-ci est lié d'une manière nécessaire aux mouvements du monde supérieur. Toute puissance, en ce monde, est gouvernée par ces mouvements ».

Sous l'Empire romain, l'astrologie va briller de son plus bel éclat et obtiendra un véritable succès auprès de la population. On remarque cependant quelques oppositions connues : celle de Cicéron et Agrippa, ainsi que la réponse d'Agrippine à Thrasylle, l'astrologue, qui venant de lui prédire : « Votre fils, Néron règnera, mais il tuera sa mère. », « Qu'importe, dit-elle, pourvu qu'il règne ».

Du XIIIe et jusqu'au milieu du XVIIe siècle, l'astrologie va considérablement s'enrichir grâce à des hommes sincères et illustres qui ont tous associé naturellement cet art dans une philosophie de la vie.

— *Regiomontanus*[49], auteur d'une domification toujours en vigueur aujourd'hui.
— *Copernic* que tout le monde connaît par sa découverte de l'héliocentrisme[50] et qui a pratiqué l'astrologie jusqu'à sa mort.

---

[49]. Astronome et mathématicien. De son vrai nom Johann Müller (il emprunta ce nom latin à celui de sa ville natale, Königsberg : la montagne du roi). Il enseigna l'astronomie et les mathématiques à Padoue (Padova, Italie). De retour en Allemagne, Regiomontanus s'installa à Nuremberg (Nürnberg, ville natale d'Alfred Dürer) où il fit construire un observatoire. Représentatif de l'école allemande de la Renaissance, on peut le considérer, en Europe, à la suite des résultats novateurs développés par les mathématiciens arabes comme Al Battani et At-Tusi et comme le père de la trigonométrie moderne qu'il développa comme une branche des mathématiques indépendant de l'astronomie : « De triangulis planis et spherici libri quinque, una cum tabulis sinuum » où il s'étend tout particulièrement sur la résolution des triangles plans et sphériques et les tables de sinus. Ce traité, développé à partir de 1464, ne sera publié que bien plus tard après sa mort, en 1561.

[50]. L'héliocentrisme est une conception du monde et de l'Univers qui place le Soleil en son centre. Malgré quelques précurseurs, comme Aristarque de Samos, on attribue en général le principe de l'héliocentrisme à Copernic. Ses résultats furent complétés par Kepler et Galilée. L'idée que le Soleil n'est que le centre du

— *Paracelse* (1493-1541), médecin alchimiste et astrologue suisse qui dans son « paragranum » a décrit les quatre piliers sur lesquels repose sa médecine : la philosophie, l'alchimie, l'astrologie et la VERTU. Ses convictions lui ont fait écrire cette phrase caractéristique : « Remarque bien ceci : que vaut le remède que tu donnes pour la matrice de la femme si tu n'es pas guidé par Venus ? Que pourra ton remède pour le cerveau sans être conduit par la Lune ? Si le Ciel ne t'est pas favorable et ne consent pas à diriger ton remède, tu n'arriveras à rien ».

— *Nostradamus* dont les prédictions sont encore célèbres aujourd'hui.

— *Tycho Brahé* médecin astronome astrologue danois attaché à la cour du roi Rodolphe qui a prononcé cette phrase : « l'Homme renferme en lui une influence bien plus grande que celle des astres ; il surmontera les influences s'il vit selon la justice, mais s'il suit ses aveugles penchants, s'il descend à la classe des brutes et des animaux en vivant comme eux, le roi de la nature ne commande plus, il est commandé par la nature ».

— *Kepler* dont la déclaration suivante est édifiante : « vingt années d'études pratiques ont convaincu mon esprit rebelle de la réalité de l'astrologie ».

système solaire et que l'Univers n'en ait pas, apparaît dans les écrits du moine Giordano Bruno.

Ainsi que, Galilée, Francis Bacon, John Dee, William Lilly ainsi que Morin de Villefranche professeur au Collège de France et dernier astrologue royal.

C'est en 1666 que Colbert fonda en France l'Académie des sciences et interdit aux astronomes de pratiquer l'astrologie. Depuis cette date et jusqu'au début du XXᵉ siècle, l'astrologie subsistera essentiellement dans les almanachs, les arts divinatoires et dans les sociétés secrètes.

Le renouveau viendra en Europe avec le théosophe anglais W.F Allen (1860-1917) nommé aussi Alan Leo, fondateur de la revue « The modern Astrology ». Il publia un cours d'astrologie en sept volumes. Il concevait son art comme une manifestation de l'unité de l'univers qu'il décrivait ainsi :

« Le premier principe sur lequel repose la science de l'astrologie est que l'univers est une unité et qu'une loi qui régit une portion de cet univers peut également s'appliquer à ses autres parties.

La conséquence de ce premier principe est que le système solaire étant en lui-même un tout complet, les lois qui régissent les planètes régissent aussi les plus petits composants de ce système : l'intelligence, les êtres humains et les autres objets de la terre qu'ils soient solide liquide, gazeux, minéraux, végétaux, animaux et humains.

Le second principe est que par l'étude des mouvements et des positions relatives des planètes les manifestations de ces lois peuvent être observées, mesurées et déterminées ».

En Amérique du Nord, l'Astrologie est devenue très populaire grâce à une remarquable praticienne nommée Miss Evangeline Adams (1865-1932).

On lui doit un ouvrage astrologique « Your place in the sun », qui est une réflexion philosophique sur cet art. Il se termine par un chapitre intitulé « Libre arbitre contre destin » dans lequel elle affirme que « La Connaissance est la clé du Pouvoir, et l'Astrologie ouvre la serrure de la vérité ».

En France, le théosophe, philosophe et astrologue Albert Faucheux (1838-1921) dit Barlet a fondé à Paris deux périodiques : « la revue cosmique » et « la science astrale ». Cette forte personnalité a influencé des hommes comme Henri Selva, André Boudineau et Eude Picard, lequel a réactualisé la technique des maisons dérivées.

D'autres astrologues traditionnels français illustres ont définitivement ancré l'astrologie dans le grand public. Ce sont :

— *Choisnard*[51], polytechnicien dont le mérite a été d'introduire les statistiques dans l'interprétation

---

[51] . Paul Choisnard, né le 13 février 1867 à Tours, mort à Saint-Genis-de-Saintonge le 9 février 1930, fut un polytechnicien et un astrologue français. Il est généralement considéré comme un des rénovateurs de l'astrologie ancienne. Il est l'auteur de nombreux ouvrages d'astrologie pour laquelle il préconisait une approche statistique afin de vérifier le bien-fondé de ses pratiques. Il écrivit aussi sous le pseudonyme de Paul Flambart. En 1926, Paul Choisnard, l'astrologue belge Gustave Lambert Brahy, et quelques autres, fondèrent à Bruxelles le Cébésia (Centre Belge d'Etude Scientifique des Influences Astrales), qui est actif depuis lors. Source : Wikipedia

du thème astral et beaucoup contribuer par sa qualité d'homme de science au renouveau de l'Astrologie.

— *Gauquelin*[52], auteur d'une étude statistique qui a mis en évidence l'existence d'une relation certaine entre les positions d'astres du système solaire au moment de la naissance et une activité précise de la vie des hommes.

— *Barbault*[53], fondateur d'une astro-caractérologie.

— *Dom Néroman*[54], ingénieur des mines, fondateur du collège astrologique de France et auteur de plusieurs livres traitant d'une astrologie ésotérique.

— *Jean-Pierre Nicola*[55], fondateur de l'astrologie conditionnaliste.

---

[52] . Michel Gauquelin, après des études de psychologie à la Sorbonne, a consacré sa vie à tenter de démontrer la validité de certains fondements de l'astrologie. Toutefois, il ne se définit pas comme « astrologue » et se défend de toute pratique de l'astrologie. Au départ de sa démarche, il chercha d'abord à démontrer l'inanité de l'astrologie en réaction à son père qui dressait des thèmes astraux. Source : Wikipedia

[53] . Il a formulé les apports de la psychanalyse à l'astrologie (notamment dans l'ouvrage « De la psychanalyse à l'astrologie », Éditions du Seuil – 1961) et renouvelé l'astrologie mondiale, en introduisant notamment un indice de concentration planétaire mesurant l'éloignement des planètes du système solaire entre elles. Source : Wikipedia

[54] . Dom Neroman, de son vrai nom Pierre (Maurice) Rougié, fut un astrologue français né à Gramat (Lot) le 18 juin 1884 à 23 h. Ingénieur civil des Mines (Saint-Étienne), il marqua profondément la vie astrologique française des années 1930 jusqu'à sa mort dans les années 1950. Il créa notamment le Collège Astrologique de France (CAF) et les éditions Sous le Ciel. Source : Wikipedia

[55] . L'astrologie conditionnelle ou « astrologie conditionnaliste » figure parmi les formes les plus modernes de l'art divinatoire. Jean Pierre Nicola, qui se consacre à l'étude de ce type d'astrologie depuis une quarantaine d'années, assume la

Ainsi que tous ceux qui ont contribué dans l'anonymat à l'enrichissement de cette science

Aujourd'hui, l'astrologie est pratiquée partout, y compris en Chine et en Inde, par un nombre toujours plus croissant d'adeptes, mais il est paradoxalement toujours combattu avec force par les milieux scientifiques.

Plusieurs enseignements astrologiques sont encore pratiqués de nos jours. Ce sont :

— *L'astrologie traditionnelle*, qui est représentée par Ptolémée et remise à jour par Morin de Villefranche.

— *L'astrologie scientifique*, de Choisnard qui est basée sur des correspondances scientifiquement établies par les statistiques.

— *L'astrologie conditionnaliste* de J-P Nicola qui explique les significations planétaires au moyen de trois niveaux d'information : l'unique, le duel et le multiple.

— *L'astrologie transcendantale* de Jean de Larche qui lie le karma et le zodiaque.

— *L'astrologie d'évolution*, créée par Irène Andrieu qui associe la tradition astrologique de l'Inde du Nord avec les techniques de la connaissance de soi occidentale.

---

paternité de sa découverte. Voir Le grand livre de l'astrologue, Jean-Pierre Nicola, Edit. Sand & Tchou, Paris – 1983

— *L'astrologie influentielle* de Miguel Gaudfernau qui met en évidence l'influence des rythmes terrestres et astraux sur la destinée humaine.

— *L'astrologie médicale* de Huguette Hirsig qui traite des prédispositions pathologiques révélées par le thème astral. Ce domaine particulier de l'astrologie ne date pas d'aujourd'hui. En effet, Paracelse utilisait déjà les influences planétaires pour la recommandation des médicaments. Notons qu'il y a une correspondance entre les signes du zodiaque et des planètes sur des parties du corps bien précises. Ainsi, le signe du Bélier symbole du début du cycle saisonnier représente la tête et ses organes, le Taureau le cou et la gorge, les Gémeaux les épaules, etc., jusqu'au signe du Poisson symbole de la fin du cycle qui représente les pieds. L'être humain, dans la complexité de son corps, contient une véritable horloge biologique qui est reliée aux astres et qui réagit au jour et à la nuit, aux saisons, à des cycles mensuels, annuels et cosmiques.

Citons encore dans ce chapitre historique deux grands savants.

Le premier, Einstein qui a écrit cet avis autorisé :

« L'Astrologie est une science en soi, illuminatrice. J'ai beaucoup appris grâce à elle et je lui dois beaucoup. Les connaissances géophysiques mettent en relief le pouvoir des étoiles et des planètes sur le destin terrestre. À son tour, en un certain sens, l'astrologie le renforce. C'est pourquoi c'est une espèce d'élixir de vie pour l'humanité ».

Et le deuxième, de C.G Jung :

« Si les gens dont l'instruction laisse à désirer ont cru pouvoir, jusqu'à ces derniers temps, se moquer de l'astrologie, la considérant comme une pseudoscience liquidée depuis longtemps, cette astrologie, remontant des profondeurs de l'âme populaire, se présente de nouveau aujourd'hui aux portes de nos universités qu'elle a quittées depuis 3 siècles ».

Technique

Comment travaille l'astrologue ? Il dresse un thème astrologique de naissance. En fait, il dessine sur papier une photographie de la position des dix planètes du système solaire à l'instant précis de la naissance. Pour ce faire, il a besoin de connaître la date, l'heure et le lieu de naissance. Puis à l'aide de son ordinateur ou de tables appelées éphémérides, il calcule exactement la position du Soleil, de la Lune, de Mercure, Venus, Mars, Jupiter, Saturne, Uranus, Neptune, et Pluton.

Puis il positionne ces planètes sur une bande circulaire de 360° divisée en douze signes de 30° chacun. Cette bande circulaire représente le ruban zodiacal large de 18° et qui s'étend de chaque côté de l'écliptique trajectoire apparente du soleil décrit en une année autour de la terre et dans lequel se trouvent le soleil et les planètes sauf Vénus et Pluton.

Ce ruban contient donc les douze signes du zodiaque : Bélier, Taureau, Gémeaux, Cancer, Lion, Vierge, Balance, Scorpion, Sagittaire, Capricorne, Verseau et Poisson

Ce sont les astronomes sumériens qui, les premiers, eurent l'idée, en observant le ciel, de relier les étoiles accrochées sur la toile de fond du firmament par des droites brisées. Les constellations furent ainsi créées. Or ces figures plus ou moins géométriques eurent le don d'éveiller l'intuition et l'imagination des observateurs initiés dans l'art de contempler le ciel. Ainsi furent créés les signes du zodiaque.

Mais pourquoi y a-t-il douze signes ? Tout simplement, parce que la piste du soleil détermine quatre angles correspondant aux quatre saisons, chaque quart étant elle-même divisée en trois parties représentant le commencement, le milieu et la fin de chaque saison. Il y a donc trois parties égales multipliées par quatre, ce qui donne douze signes de 30 o égaux. On saisit mieux la signification du mois qui est la division en trois parties de chaque quart des saisons ; cette tripartition a des raisons profondes, symboliques, sur ce qu'on peut appeler l'évolution.

En effet, quelle que soit la phase considérée, elle a un début dynamique, elle s'installe, elle tend vers un but ; au milieu, elle est statique, épanouie, elle trône ; à la fin, elle est déclinante, épuisée et elle s'efface devant celle qui va suivre et qui réclame ses droits. Enfin, chaque signe a une polarité positive ou négative selon la nature de l'astre qui le gouverne ce qui détermine un groupement binaire.

En résumé, les signes zodiacaux se subdivisent en quatre groupements : saisonniers, binaires, ternaires et quaternaires qui déterminent selon la densité astrale des composantes caractérologiques dominantes. Il reste ensuite à calculer les différents aspects planétaires majeurs, qui jouent un rôle important dans le thème astral, car toute la structure du thème, exprimée par l'interaction des tendances animatrices de l'individu, repose sur eux. À quoi ressemble dans la nature terrestre un aspect planétaire ? Il y a au moins deux phénomènes connus qui mettent en évidence l'action des aspects entre le soleil et la lune. Il s'agit des marées et de la croissance des végétaux. On sait en effet que les hautes marées océaniques ont lieu au moment des syzygies (conjonction et opposition) et les marées basses aux moments des quadratures.

Si la marée a une amplitude d'environ dix mètres à Saint Malo, que penser alors des micros marées dans le corps humain, composé à 80 % d'eau, et de leurs influences sur le corps et le psychisme ?

L'aspect est donc essentiellement un rapport fondé sur un écart angulaire particulier, qui s'établit entre deux astres et en vertu duquel ceux-ci exercent une action commune. Cette action peut être associée ou rivale. La conjonction est considérée comme neutre, le sextile et le trigone comme heureux, le carré et l'opposition comme dissonants. Il existe aussi des aspects planétaires mineurs qui permettent de raffiner les pronostics.

Notons également que l'aspect planétaire ne peut pas être dissocié de cet univers qui est un mouvement ou une série de mouvement ordonnés.

Les électrons tournent autour des noyaux atomiques, comme le soleil tourne dans la galaxie, les planètes autour de lui, la lune autour de la terre et celle-ci sur elle-même. Toutes ces rotations déterminent des rythmes réguliers puisque les trajectoires sont des cercles ou ellipses ramenant inéluctablement les mêmes particules ou les mêmes astres aux mêmes points à des intervalles de temps égaux.

L'aspect se présente donc comme un moment privilégié d'une totalité cyclique dont l'unité de base est le cycle planétaire. Deux planètes se rencontrent, se superposent, s'éloignent et se retrouvent à nouveau.

C'est cette succession de phases qui constitue la gamme des aspects. Des moments intenses alternent avec des instants de silence, c'est comme une partition musicale, chaque note est suivie d'un silence, chaque son fait partie d'une gamme. La partition règle le tout dans une harmonie immuable. L'aspect planétaire ainsi déterminé est significatif d'un comportement spécifique et colorie la manifestation dictée par l'angularité.

L'orientation des aspects dans les signes apporte une nouvelle touche, ainsi petit à petit le coup de pinceau de l'astrologue s'affine toujours plus et finalement les couleurs sont l'expression vraie d'une situation objective.

Ensuite, l'astrologue procèdera à la domification du thème à l'aide d'une table des maisons ou de l'ordinateur et placera les douze cuspides sur le zodiaque.

Le système des maisons repose essentiellement sur la symbolique du déroulement de la journée, les douze maisons étant en correspondance avec le cours du Soleil et les images de la vie courante qui en sont le fruit. Il y a donc une équivalence symbolique entre la journée et l'année soit entre les douze heures babyloniennes et les douze mois du calendrier. Le degré de l'Ascendant est le début du cycle diurne, comme le 0° du Bélier pour le cycle annuel. Ainsi tout est relié, le Haut et le Bas à travers des rythmes saisonniers solaires qui affirme que le signe zodiacal est à la Maison qui lui correspond ce qu'est une disposition subjective à une réalité objective. Chaque maison a une attribution précise.

Les quatre éléments (Feu, Terre, Air et Eau) sont intégrés naturellement dans le zodiaque à partir du signe équinoxial du Bélier qui débute le 21 mars et qui est de Feu puis les éléments se répartissent dans tous les signes dans l'ordre Terre, Air et Eau ce qui donne finalement trois signes de FEU (Bélier, Lion, Sagittaire), trois signes de Terre (Taureau, Vierge, Capricorne) trois signes d'Air (Gémeaux, Balance, Verseau) et trois signes d'Eau (Cancer, Scorpion, Poisson).

Les dix planètes sont placées dans le zodiaque ainsi que les 12 cuspides des maisons. Les aspects planétaires sont également tracés. Tout est en place pour commencer l'interprétation.

Interprétation

L'interprétation d'un thème astral qualifie la naissance d'un individu et sa relation à cet instant privilégié dans le cosmos et la signification de sa naissance, en essayant de mettre en évidence à travers les équilibres ou tensions du thème les potentialités en termes de continuités ou ruptures.

Toutes les informations d'un thème sont interdépendantes et interconnectées en permanence aux rythmes cosmiques. Rien ne semble figé, mais la référence reste cet instant de la naissance où la tête du nouveau-né reçoit toutes les forces terrestres et cosmiques, telles, la pesanteur terrestre, les impressions lumineuses et gravitationnelles des astres et de leurs aspects.

L'essentiel consiste pour lui, au moment de la naissance, de réussir le passage de l'eau à l'air qui signifie une seconde conception (la première étant bien sûr celle de la fécondation) et qui détermine l'incarnation spirituelle de l'être. L'âme s'incarne au moment où la tête du fœtus sort du ventre de sa mère.

Afin de bien comprendre ce que veut dire l'incarnation de l'âme dans la globalité cosmique, il faut parler des relations existantes entre la physiologie de l'Homme et de certains rythmes astraux. L'un de ceux-ci est la précession des équinoxes, appelée aussi ayanamsa [56] chez les hindous, car elle définit un cycle qui est totalement involué dans les fonctions biologiques humaines. Il consiste en un mouvement rétrograde du point vernal sur l'écliptique lié au mouvement conique très lent effectué par l'axe de rotation terrestre autour d'une position donnée et qui se traduit par une avance annuelle de l'équinoxe de printemps. Hipparque découvrit ce phénomène au IIe siècle av. J.-C. et Newton fut celui qui trouva que l'action du soleil et la lune sur le renflement équatorial de la terre en étaient la cause.

Il y a donc un décalage entre le zodiaque des constellations et le zodiaque des signes. Le zodiaque des signes géocentrique est coordonné aux quartes des saisons en rapport avec les solstices et les équinoxes. Le zodiaque commence donc

---

[56] . Ayanamsa est un nom tiré du sanscrit Indien, Ayana veut dire mouvement et Amsa veut dire degré. Définition : C'est le décalage existant entre le point vernal (0° du Bélier système tropical, là où se produit l'équinoxe de Printemps) et le 0° du Bélier (système Sidéral) Là où ça se complique, c'est que la date où l'on a commencé à utiliser les signes en Inde n'est pas connue et cela donne une vingtaine d'Ayanamsa différents. La question de l'ayanamsa suppose des points de repère précis, ces points de repère sont des étoiles. Ces repères ont varié au cours des siècles : Zeta Piscum, Al Pherg, Spica. Aldébaran. Les plus utilisés, à l'heure actuelle, sont Spica et Aldébaran. La question de l'ayanamsa est un sujet de dispute parmi les astrologues hindous. Chacun possède ses raisons (bonnes ou mauvaises) pour défendre le choix de l'ayanamsa qu'il utilise et ces valeurs sont calculées à partir du point de départ des deux zodiaques qui se situerait entre 388 av. J.-C. et 498 apr. J.-C. La valeur de précession choisie se situe entre 46.3 sec jusqu'à 59.9 secondes par an.

immuablement le vingt-et-un mars avec le signe du Bélier. La précession des équinoxes en 2015 est décalée de 24° 30 minutes ce qui signifie que le point vernal pointe dans la constellation du Poisson et non pas dans celle du Bélier. Ce cycle est de 25 920 ans ce qui correspond à 2160 ans par signe et 72 ans par degré, il est appelé la grande année platonicienne.

L'ère du Verseau commencera effectivement en l'an 2160. Mais chaque aspect ou cycle astrologique n'applique pas d'une manière brutale, il est sous l'influence d'un orbe, d'une période durant laquelle les énergies symboliques du Verseau viennent influencer celle du Poisson. En ce début de troisième millénaire vit un régime mixte Poisson-Verseau qui oriente l'humanité vers son nouveau cycle.

L'empereur Constantin dans son discours d'ouverture du concile de Nicée assimila Jésus-Christ à l'astre solaire et ses douze Apôtres aux signes du zodiaque.

L'ère du Poisson a permis le développement de la religion chrétienne ; celle du Verseau, qui sera sous la maîtrise conjointe d'Uranus et Saturne. Provoquera-t-elle la disparition des religions telles qu'elles sont aujourd'hui ? Quelles seront les vertus et valeurs de cette nouvelle période ? Il est bien difficile de le prédire, mais l'énergie Ouranos saturnienne apportera certainement plus de rigueur et de devoirs.

Quelles sont les analogies entre l'Homme et le Cosmos ? Il a été montré que la pulsation respiratoire de l'Homme est de 25 920 inspirations quotidiennes. Si on divise 25 920 par 360° on trouve le chiffre 72 qui est la durée moyenne de la vie d'un homme et aussi son rythme cardiaque en une minute.

En regardant la grande période de variation des climats terrestres (dite période de Brückner) de 36 ans, on constate qu'elle correspond avec le changement du climat physiologique chez l'Homme qui est de 36 ans. Il existe aussi une relation entre la révolution rétrograde des nœuds lunaires sur l'écliptique de 18 ans avec le rythme respiratoire de l'Homme : 18 respirations par minute.

La physiologie de la femme est étroitement liée au cycle lunaire[57] ainsi la relation entre les 265 jours de la période des mois synodaux lunaires et la période de gestation (temps entre la fécondation de l'ovule et l'accouchement), les 28 jours du cycle lunaire mensuel et du cycle mensuel féminin et le rythme cardiaque. Le rapport $^4/_1$ de 28 jours à 7 jours est le même que celui qui relie 28 battements du cœur à 7 respirations. L'Homme en effet respire 7 fois pendant que son cœur bat 28 fois. On sait aussi que les cellules du corps humain sont complètement

---

[57] . Un cycle lunaire est constitué des phases de la Lune : Nouvelle lune, Premier croissant, Premier quartier, Lune Gibbeuse, Pleine lune, de nouveau Lune Gibbeuse, Dernier quartier, Dernier croissant. Les phases de la Lune correspondent à ses portions illuminées par le soleil qui sont visibles de la Terre. La Lune tournant en orbite autour de la Terre, ces portions ne cessent de changer en fonction de la position de l'astre. Un cycle lunaire est aussi appelé une lunaison. En moyenne, entre deux nouvelles lunes, il se passe 29 jours 12 heures 44 minutes, 9 secondes soit 29,53 jours.

transformées tous les 7 ans. Enfin, les rythmes pubertaires humains suivent les mêmes pulsations du rapport $^4/_1$, de 28 années comprenant 4 périodes septénaires.

Physiologiquement, tous les êtres vivants sont dépendants des rythmes cosmiques. Par ailleurs, ils contiennent des atomes lourds, en faible quantité, mais absolument nécessaires à la vie, qui ont été créés dans les étoiles analogues au soleil et importés sur la terre suite à leur explosion.

Quelles sont leurs relations dans le souffle de vie ? Ne sont-ils pas porteurs de fonctions biologiques cycliques ? De quelles façons interfèrent-ils dans la conscience de l'Homme ? Ne sont-ils pas constitutifs de celles-ci ?

Aucun atome n'est la propriété du corps humain, il n'est que l'expression de ces lointaines étoiles aujourd'hui disparues, mais vivantes parce que la vie a rassemblé ce qui est épars. Sans elles, aucun homme ne pourrait lever les yeux sur sa destinée.

Évolution

Quel est le sens de l'évolution humaine ?

Pour l'astrologue il représente une dynamique définie par un état premier connu et assimilé, sorte de point de départ et un autre état différent, projeté ou métamorphosé qui est un nouveau départ. Il y a donc un changement qui caractérise l'évolution. Evolué c'est subir, accepter et vivre ce changement.

N'y a-t-il pas dans cette définition une démarche qui s'apparente à celle de l'initiation ? Et ne postule-t-elle pas qu'il n'existe que des états temporaires pouvant s'ouvrir sur une nouvelle évolution ? Il n'y a donc pas d'états permanents stables et définitifs qui figent l'acte conscient perçu. L'astrologue, comme tout initié, ne reconnaît pas la certitude de l'apparence.

Il vit parmi une multitude de rythmes un instant d'équilibre qui lui permet d'exprimer sa volonté. Mais il sait que l'action entreprise n'a déjà plus de réalité, car seule la mémoire de l'acte signifie une nouvelle réalité coloriée par d'autres sensations, d'autres sentiments. Cette prise de conscience d'une sorte de spirale situe bien l'interdépendance de tout ce qui appartient à tout homme, mais aussi responsabilise son action dans une globalité subjective.

Astrologie karmique

L'astrologie traitant de cette définition de l'évolution est peu pratiquée en Europe, elle trouve ses fondements aux Indes et dans l'enseignement du Grand Véhicule bouddhiste[58].

---

[58] . A sa mort le Bouddha laissait un nombre considérable de zélateurs et de moines et nonnes constitués en couvents. Une trentaine d'années plus tard, un concile se tint à Vaiçali lors duquel on ne discuta de points de discipline et il semblerait que ce soit à partir de là que se produisit le premier schisme qui vit la création du Mahâsâmghika (école de la grande assemblée) par Mahâdeva. Cette « école » s'opposait à la doctrine des sthavira (les anciens) sur des points mineurs. De la secte des Sthavira est issue la doctrine dite du Theravâda, appelée par

Il n'y a pas d'évolution sans référence au karma qui repose sur deux principes présents dans tout l'univers, à savoir que quelque chose existe par ce que quelque chose d'antérieur a existé et qui est à l'origine de ce qui arrive. Il n'y a pas d'effets spontanés. Rien n'est le fruit du hasard.

Par ailleurs, rien n'arrive qui n'ait pas été désiré, même si l'on n'en est pas conscient. Paradoxalement, rien n'arrive, tout relève de la loi de causalité, car l'esprit est attiré magnétiquement par un évènement qui est dans la chaîne des interdépendances et qui est déjà l'effet d'une cause que l'on interprète toujours en fonction de soi-même comme si l'on était le centre du monde.

Jusqu'à ce jour, personne ne peut dire s'il y a une cause objective première, originelle, unique que l'on pourrait appeler Dieu ou le G.A.D.L.U.[59]. À défaut d'une démonstration, seule la foi est porteuse d'espérance, seule une conviction personnelle acceptée dans l'humilité de son savoir permet de lever les yeux au Ciel, exactement comme le faisaient les Sumériens il y a 4000 ans.

---

dérision Hînayâna (petit véhicule) par les adeptes du bouddhisme du nord, autrement appelé le Mahâyâna (grand véhicule). Le Theravada conserve la doctrine telle que l'a enseignée le Bouddha. Il ne reconnaît pas de Dieu suprême et pour lui le Bouddha est un maître qui a enseigné les quatre nobles vérités, ouvrant le chemin de la Bodhi (l'éveil).

[59] . Grand Architecte de l'Univers : Certains Maçons le voient comme un Dieu, d'autres comme un principe créateur, d'autres encore l'ont supprimé de leurs rituels.

Le zodiaque géocentrique dans son interdépendance est un outil symbolique à l'instar du tableau d'une Loge maçonnique qui représente un modèle spatiotemporel dont les dimensions sont infinies dans l'espace et éternel dans le temps. Il figure le Cosmos dans sa totalité. Il relie aussi symboliquement à travers les cycles saisonniers l'Orient avec :

L'équinoxe de printemps représenté par le signe du bélier, l'élément feu et le point vernal géocentrique significatifs du début de tout nouveau cycle.

Le midi avec le solstice d'été, l'élément d'eau et le signe du Cancer.

L'Occident avec l'équinoxe d'automne, l'élément d'air et le signe de la Balance.

Le Septentrion avec le solstice d'hiver, l'élément terre et le signe du Capricorne.

Il existe une certaine analogie entre le tableau de loge et la roue du zodiaque aussi appelé la roue de la vie, car tous deux sont porteurs d'éléments symboliques cycliques involués dans une loi organique dont la philosophie d'application est différente, mais complémentaire.

Le deuxième principe de la loi karmique est bien connu des physiciens. Toute cause produit un effet égal opposé. C'est le principe de la loi du talion : « Œil pour œil, dent pour dent ». Tout ce qui a existé produit un effet opposé de même nature.

Ce phénomène est associé étroitement à la dualité. Ainsi tristesse et joie, haine et amour, force et faiblesse, bonheur et malheur, subir et agir, avoir et être, sont des couples indissociables qui sont à la base de toutes les actions et réflexions humaines.

Ainsi, vouloir désirer du bonheur c'est s'enchaîner au temps et à une attente du bonheur qui va immanquablement créer son futur malheur.

Alors que faire ?

Vivre le présent est la seule porte de sortie de la loi de causalité. Être disponible dans tout ce qui arrive permet de vivre son évènement totalement et être libre pour le suivant. Dans le cas contraire, il n'y a pas d'autres possibilités que de s'asservir dans un phénomène spéculatif qui réduit d'autant l'appréciation du suivant. À la limite, un homme totalement mental sans vécu n'est pas libre, malgré tout son savoir.

D'autre part, la compréhension d'une manifestation est possible par son vécu et parce qu'il permet in fine d'élever son niveau de conscience

Être libre comme dirait M de La Palice consiste à ne plus aller de pair avec le mental. Cela paraît évident, mais ce n'est pas toujours facile de lâcher son égo. On est fortement imprégnés en Europe d'une histoire religieuse et traditionnelle de nature judéo-chrétienne, magnifiant le péché originel. En Loge, ce deuxième principe est symbolisé par la Lune et le Soleil, tous deux présents dans le tableau de loge et de chaque côté du Vénérable.

Nœuds lunaires et axe du dragon

L'astrologie indienne a introduit la notion de karma dans le zodiaque en se basant sur les nœuds lunaires[60]. C'est une astrologie de l'énergie qui s'appuie sur un axe invisible, dit axe du Dragon, par lequel s'écoule le flux d'énergie du temps, du passé vers le futur. Astronomiquement cet axe virtuel, n'est en rien fictif. Il correspond à l'ascendant de la lune dans le thème. Il s'agit du point d'intersection Sud et Nord du plan de rotation de la Lune autour de la Terre avec le plan de l'écliptique du soleil. Cet axe possède un cycle propre qui se renouvèle sur un rythme approximatif de 18 ans.

Le nœud Nord représente, en termes d'énergie, les potentialités de cette vie tandis que le Nœud Sud est la résultante énergétique des vies antérieures. Par l'analyse du Nœud Sud, l'astrologue pourra déterminer les potentialités du passé en matière de karma. Par celle du Nœud Nord, il assurera la redistribution de l'énergie karmique telle qu'elle va être utilisée dans cette vie[61].

L'axe du Dragon est une réalité astrologique qui est le plus souvent perçue lorsque l'on est dans l'action. Qui n'a pas déjà ressenti des réminiscences

---

[60] . Les Nœuds Lunaires sont les points où l'orbite terrestre de la Lune croise celle de la Terre autour du Soleil. Ces points de croisement se calculent et se trouvent l'un en face de l'autre. La ligne entre eux forme l'Axe des Nœuds Lunaires ou axe du Dragon qui traverse le thème d'un point à l'autre.

[61] . Voir Astrologie, clé des vies antérieures, Irène Andrieu, Edit. Dangles, collection ésotérique, 1984

fugitives du passé (des odeurs, par exemple) dans un contexte inapproprié, mais bien réel ?

La mémoire sollicitée est totalement incapable de situer l'impression dans une réalité. Ne serait-ce pas, dans ce contexte, une information destinée à guider la conscience pour s'approcher plus intimement de son destin ?

Beaucoup de traditions utilisent la symbolique de l'Œuf[62] pour exprimer qu'il existe deux mondes : celui des profondeurs, du subconscient représenté par toutes les richesses vivant sous la surface des eaux et celui de la conscience illuminée par le soleil. Le transfert de l'eau à l'air, du subconscient au conscient est une réalité permanente. Il s'agit simplement d'organiser l'information en termes compréhensibles.

L'axe du Dragon figure une réalité énergétique dans laquelle le passé et le présent sont connectés intimement dans des forces opposées astrologiquement parlant. Cela veut dire que le Nœud Nord en bélier sous la maîtrise de Mars dans une qualité élémentaire de Feu est associé naturellement au Nœud Sud en Balance sous la maîtrise de Vénus et dans une qualité élémentaire d'Air.

---

[62] . La naissance du monde à partir d'un œuf est une idée commune aux Celtes, aux Grecs, aux Égyptiens, aux Phéniciens, aux Cananéens, aux Tibétains, aux Hindous, aux Vietnamiens, aux Chinois, aux Japonais, aux populations sibériennes et indonésiennes, à bien d'autres encore. Le processus de manifestation revêt toutefois plusieurs aspects ; l'œuf de serpent celtique, figure par l'oursin fossile, l'œuf crache par le Kneph égyptien, voire par le dragon chinois, représentent la production de la manifestation par le Verbe.

Vies antérieures

La résultante des vies antérieures en Bélier ne peut évoluer que dans le signe de la Balance, comme du reste aussi l'énergie qui doit se transmuter du Feu à l'Air. On a en soi un point de départ et un point d'arrivée qui évoque la naissance et la mort. Toutes les actions réalisées dans les vies antérieures n'ont pas forcément de significations dans cette vie, mais l'on est le plus souvent attiré vers ce que l'on connaît d'avant et cela perturbe les actions de la nouvelle réincarnation.

La connaissance du point de départ permet de situer le point d'arrivée ce qui a pour conséquence de ne point éluder les attentes de la nouvelle vie et la peur d'être. La difficulté essentielle est qu'il y a une perception d'une conscience énergétique des vies antérieures à laquelle on est irrésistiblement attiré parce que l'on cherche constamment une aide et que l'on veut masquer par faiblesse la réalité de ce qu'il faudrait entreprendre.

Cette mutation énergétique est associée aussi aux aspects planétaires, à la position en signe et en maison des régents karmiques Sud et Nord associant des redistributions de force préférentielles des maisons de même tendance évolutive.

Ainsi le thème astral définit quatre triangles équilatéraux qui manifestent un karma global. Il est donc possible de définir quatre groupes sociaux distincts liés aux maisons de même qualité élémentaire, à savoir les maisons de Feu, Terre, Air et Eau.

Dès la naissance, on appartient à l'un de ses quatre groupes.

Aux maisons de Feu correspond le groupe des enseignants, aux maisons de terre celui des travailleurs, aux maisons d'Air celui des guerriers et aux maisons d'eau celui des « obligés ». La société humaine est totalement structurée par ces quatre groupes. L'enseignant, le constructeur, le défenseur de la tradition et des lois et l'obligé sont les maîtres d'œuvre de la société humaine. Tous les groupes sont interdépendants les uns des autres.

L'évolution ne peut se faire que si la résultante énergétique de l'ensemble des catégories constitue un utilitarisme. Ainsi, si l'un des groupes est involué, tous les autres le seront aussi d'une certaine manière.

La prise de conscience par l'initiation d'un nouveau référentiel est déjà la première mutation vers une libération, vers une recherche de plus en plus fine de la qualité des connaissances par rapport aux actions profanes.

L'astrologie karmique place l'Homme face à sa destinée terrestre, mais aussi face à l'univers. Elle lui apprend que toute action n'est que l'effet d'une cause antérieure dont il peut ou ne peut pas être conscient. La roue du zodiaque est comme un mandala.

Elle lui offre la possibilité du retour vers l'unité à travers une recherche toujours plus consciente des enchaînements énergétiques dont il est l'objet. Parallèlement, elle situe la vie terrestre comme une étape vers d'autres niveaux de conscience que l'on ressent très bien en Maçonnerie à travers la démarche initiatique par degré.

La roue du Zodiaque[63] prise ainsi peut être perçue comme un outil d'évolution qui permet un parcours du complexe au plus simple, c'est-à-dire du niveau impulsif et instinctif à celui de l'analytique, pour aboutir à la synthèse libératoire. Aucun de ses niveaux ne peut être assimilé par le mental.

Seule une attitude sincère et vécue par le cœur des mutations énergétiques élémentaires permet de déboucher sur une vision simple.

Les conséquences sociétales et humaines

Dans la société actuelle, on ne cherche pas à dépasser le stade analytique, car malheureusement le principe de reconnaissance sociale se nourrit de discours moraux.

Aujourd'hui, elle forme un tout inféodé à une structure d'évolution contraire à celle que l'Homme recherche.

Malraux a dit que « Je pense que la tâche du prochain siècle, en face de la plus terrible menace qu'ait connue l'humanité, va être d'y réintégrer leurs

---

[63] . Voir Lecture karmique du zodiaque, Irène Andrieu, Édit. du Rocher, Monaco, 1995

dieux ». En effet, comment imaginer qu'une société peut perdurer si ses objectifs sont au service d'elle-même et non pas de ses membres ? Seule la prise de conscience de la finalité humaine de tous modifiera le cours des évènements. Sinon, l'Homme ne sera plus qu'un robot nourri de slogans et de consommations inutiles.

Pour échapper à cet enchaînement funeste et vivre dans le respect de la Nature, il faut se rappeler que l'élévation du niveau de conscience n'est réalisée qu'à travers un désir sincère d'apprendre que l'on ne sait rien, mais que l'on peut tout savoir.

Souvent, la compréhension d'un évènement évolue par l'analyse vers la complexité au lieu de se recentrer vers la cause première, qui est une première démarche vers l'unité.

Conclusion

L'Homme est issu des étoiles, rythmé par les cycles de la Nature, emprisonné dans une condition matérielle qu'il n'accepte qu'en terme d'évolution.

Son désir de retour à l'unité signifie la reconnaissance implicite d'un état complexifié de niveau énergétique inférieur qu'il admet parce que le principe de reconnaissance sociale est d'essence égotique et qu'il est nécessaire à la communication.

Mais une telle acceptation ne saurait être définitive. Il a la possibilité de comprendre la symbolique en générale (du zodiaque ou d'une Loge en particulier) par degrés, du matériel à l'intellect pour finalement arriver au spirituel.

Le parcours est parsemé d'embûches, mais la prise de conscience de son degré permet d'aller au suivant et crée de nouveaux espaces de liberté. Il faut être libre pour reconnaître les actes accomplis, quel que soit le niveau de compréhension.

Tout ce qui a été dit montre que la Tradition semble perdue, que la chute dans la matière crée la dualité, le jugement et la confusion. La voie consiste donc d'acquérir l'esprit de synthèse à travers une démarche initiatique et de retrouver objectivement le Maître qui ne demande qu'à enseigner l'Art royal, construire le temple de l'humanité, défendre la Tradition et se mettre au service de ses Frères.

La morale qui en découlera prendra racine dans sa capacité à aimer et à raisonner et non pas sur un commandement religieux ou sur la peur. Elle lui permettra de s'approcher du centre du zodiaque, lieu de libération.

Notes

Irène Andrieu, Lecture karmique du zodiaque, Edit. Du Rocher, Monaco, 1995

Irène Andrieu, Astrologie, clé des vies antérieures, Edit. Dangles, St-Jean de Braye, 1984

Irène Andrieu, L'arbre généalogie karmique, Édit. Dangles, St-Jean de Braye, 1992

Christine Saint-Pierre, Guide d'astrologie conditionaliste, Édit. St Michel, St Michel de Boulogne, 1994

Dorothée Kœchlin de Bizemont, L'astrologie karmique, Edit. Robert Laffont, Paris, 1983

Martin Schulman, Nœuds de la lune et réincarnation, Edit. M. Bettex, Carouge/Genève, 1983

Huguette Hirsig, L'astrologie médicale, Édit. Dangles, St-Jean de Braye, 1986

Jean-Pierre Nicola, Le grand livre de l'astrologie, Édit. Sand & Tchou, Paris, 1983

Stephen Arroyo, Astrologie karma et transformation, Édit. du Rocher, Monaco, 1987

Dane Rudhyar/Leyla Ræl, Les aspects astrologiques, Édit. du Rocher, Monaco, 1982

Wolfgang Reinicke, L'astrologie pratique, Édit. Le Jour, division de Sogides Ltée, 1983

Miguel Gaudfernau, Traité d'astrologie influentielle, Edit. Présence, Henri Viaud, Saint-Vincent-sur-Jabron, 1982

Frédéric Maisonblanche, La nouvelle astrologie, Édit. Flamarion, Paris, 1984

Jean de Larche, Astrologie transcendantale, Edit. Dervy-Livres, Paris, 1985

La fraternité, source d'harmonie

« Et de l'union des libertés dans la fraternité des peuples, naîtra la sympathie des âmes, germe de cet immense avenir où commencera pour le genre humain la vie universelle et qu'on appellera la paix de l'Europe », Victor Hugo

Introduction

L'évolution rapide des techniques de la communication et de l'informatique modifie en profondeur les comportements de la société occidentale.

Les décideurs politiques sont aujourd'hui perplexes devant l'avenir et ne savent pas comment interpréter les tendances sur le long terme. De même, les entrepreneurs économiques doivent moderniser de plus en plus vite l'outil de production sous peine de disparaître et souvent sans connaître les raisons profondes de cette adaptation.

Ce besoin de modernisme ne reste pas sans conséquence sur l'emploi ni sur le comportement des travailleurs qui ont beaucoup de peine à s'adapter aux changements sociétaux.

On assiste aussi dans le domaine des télécommunications à une véritable révolution grâce à l'INTERNET et les réseaux sociaux qui autorisent de communiquer du texte, des photos ou même des films vidéo dans le monde entier aussi facilement qu'un appel téléphonique. Cette prolifération instantanée de l'information pose le problème de la vérité des sources et des conséquences sociales de la propagande au service des idéologies.

Lorsque l'information n'était distribuée que par les journaux, on constatait que son enregistrement dans la mémoire du lecteur obéissait à des rythmes d'assimilation qui permettait l'expression d'un sentiment caractérisé par une volonté : j'aime ou je n'aime pas et d'une conséquence réalisée par : « j'ai envie ou je n'ai pas envie » et qui débouchaient généralement sur une action personnelle ou collective exprimant la totalité du moi intérieur.

Qu'en sera-t-il lorsque les références mémorisées n'exprimeront plus une cohérence naturelle ?

Le rôle de la productivité

Au-delà du problème de conscience qui sera traité au chapitre du langage symbolique, il est à remarquer que la transmission quasi instantanée de l'information, et la progression fulgurante de la puissance des ordinateurs ont augmenté considérablement la productivité.

Dans les domaines de la santé, il est raisonnable de penser que la médecine préventive permettra d'augmenter substantiellement l'espérance de vie grâce à une meilleure connaissance du code génétique de l'Homme et l'apparition de nouveaux médicaments.

Cela aura pour conséquence que les personnes âgées seront très nombreuses et personne ne peut savoir qu'elles en seront les conséquences sociales sur le long terme.

Dans l'industrie, les gains de productivité ne seront pas très favorables aux travailleurs du fait que la plupart des activités manuelles seront remplacées par des robots et la gestion assistée par ordinateur.

De nombreux postes de travail disparaîtront. Toute la question sera de savoir si l'enseignement professionnel pourra s'adapter et surtout fournir des hommes capables de comprendre ces nouvelles techniques et si elle aura les moyens financiers pour former une nouvelle génération de professeurs.

On peut penser que la transmission du savoir par les séniors sera différente du fait que la durée de vie des techniques et des produits manufacturés se raccourcit.

Enfin, la mise rapide sur le marché de nouveaux produits beaucoup plus performants et à moindre prix engendrera une société du « déchet »

Cette mutation économique créera l'émergence d'une société toujours plus morcelée en groupes sociaux professionnels aux intérêts souvent antagonistes, ce qui pourrait à terme déboucher sur des choix politiques et industriels beaucoup plus directifs.

Pour gérer une telle situation, il s'agira de mettre en place des structures instituant une plus grande solidarité entre les actifs et les personnes sans emplois ou retraitées.

Qui aura le courage d'initier ces changements ? Est-ce que nos vieilles démocraties européennes pourront s'adapter aux évolutions brutales de la société tout en représentant objectivement les intérêts de l'ensemble de la population et surtout des plus pauvres ?

Dans les années 1950, les gains de productivité des secteurs primaires et secondaires ont été intégralement transférés dans le tertiaire. Aujourd'hui, le secteur tertiaire disparaît sans compensation dans un secteur quaternaire qui reste à créer.

Le dilemme aujourd'hui consiste à réinventer en permanence des équilibres sociétaux afin que personne ne soit oublié sur la route,

La guerre économique

Le monde occidental survit dans un climat de guerre économique engendré par sept-cent-millions d'individus qui doivent satisfaire à satiété leurs envies de consommation sous peine de rejoindre les autres six milliards qui resteront forcément cantonnés en deçà du seuil de pauvreté afin d'éviter d'insurmontables problèmes de déchets et de consommation d'énergie.

Qui gèrera ce problème ?

Qui dénoncera cette aide humanitaire et hypocrite financée par les pays riches pour maintenir le statuquo ?

En même temps, de grandes zones de libre-échange se créent afin de favoriser le commerce et la libre circulation des personnes. Les frontières disparaissent pour les citoyens membres de ces zones, mais se ferment hermétiquement pour tous les habitants des pays en voie de développement.

Une grande injustice est en marche, elle s'appelle intolérance. Le monde se disloque et les armées naissent.

Chez les plus démunis, la lutte semble dictée malheureusement par les dogmes religieux qui institutionnalisent le terrorisme comme voie de libération. La force brutale aveugle répond à l'injustice des marchés.

Les hommes vivent comme des aveugles qui demandent leur chemin à un collègue qui a perdu sa canne.

Resteront-ils toujours des consommateurs ?

Auront-ils encore envie demain de résoudre leurs tensions existentielles par la consommation de biens matériels ?

Choisiront-ils toujours un supermarché comme lieu de méditation ?

Pour éviter un dérapage vers des interrogations perverses, la société a mis en place tout un arsenal de miroirs tels la publicité, la flatterie, la vanité, le goût du luxe, le désir de paraître, le jeu de la carotte (qui n'est rien d'autre qu'une course effrénée à l'obtention d'un pouvoir hypothétique pour amener naturellement chaque citoyen vers son niveau d'incompétence), la considération et la reconnaissance sociale par le compte en banque, etc.

Les conséquences sociales

Aujourd'hui, de nombreuses personnes vivent sans domicile fixe, car l'obtention d'un appartement est liée à une clarté financière définie par le système bancaire. Ils sont jetés un jour, repris le lendemain sans considération de la dignité humaine.

Il semble que tout est mis en place pour que le niveau de conscience soit asservi au consumérisme.

Cela a pour conséquence que pour perdurer une société capitaliste doit à tout prix séduire le consommateur, l'encourager à vivre des instants paradisiaques dans des temples d'objets inutiles, à réinventer des envies de destruction, car casser suppose un nouvel achat.

Cette société veut qu'on l'aime, qu'on la courtise, qu'on la caresse du regard et qu'on la séduise. Le mariage est accompli à la caisse du supermarché, la nuit de noce lors de l'ouverture des paquets et le divorce lorsque l'objet devenu inutile est jeté sans considération aucune dans la poubelle.

Aujourd'hui, elle ne maîtrise pas encore bien les fiançailles, demain elle fera de chaque citoyen le valet à gants blancs payés au rabais pour une sieste éphémère.

Dans ce contexte, toute idée qui contrarie la philosophie économique est combattue fortement par un arsenal de lois qui protègent le produit souvent mieux que l'Homme.

Il y a encore 50 ans, cette philosophie économique ne représentait en fait qu'une machine au service du bien-être de l'humanité et n'avait pas encore pris conscience de son pouvoir.

À cette époque, plusieurs scénarios étaient possibles, car il existait une dialectique permanente qui favorisait la création de concepts alternatifs. Aujourd'hui, l'Homme n'est plus l'entrepreneur du concept, il ne fait que s'adapter en perdant son âme.

Que devient le Maçon ?

Que devient le Maçon dans ce marais économique morose ?

Qu'en est-il de ses idéaux confrontés à la dure réalité de la concurrence ?

Que signifie la fonction initiatique aujourd'hui ? Que sera-t-elle demain ?

Enfin la fraternité maçonnique, source d'harmonie, peut-elle se vivre dans la plénitude et apporter cette joie intérieure dans un monde si bouleversé ?

Existe-t-il une fraternité en dehors de la Maçonnerie et quelles en sont ses particularités ?

La fraternité naît de l'amour des autres et exprime un désir d'union réalisé par l'intelligence du cœur. Sa qualité d'action est fonction du niveau de conscience des membres de la communauté, mais aussi de l'attitude personnelle de chacun d'eux.

D'une manière générale, son principe formateur reconnaît sans jugement la diversité comme valeur d'union.

Le deuxième principe consiste à dire que chaque membre doit vivre sa vérité sans faux fuyants et exprimer son sentiment d'union par une attitude évolutive dans le sens du Vrai. Cela présuppose une attention de tous les instants et une rigueur personnelle qui demande beaucoup de courage et d'abnégation.

À ce stade de l'analyse, il est nécessaire de fixer une sorte de référence de la reconnaissance et d'en déterminer les valeurs.

Dans le monde profane, celle-ci se limite à l'acceptation d'un statut d'appartenance corporatif ou associatif et mis à part, les associations familiales et religieuses, les valeurs n'expriment que la volonté d'appartenance.

Toutefois un club de boule n'aura pas le même recrutement qu'une association de défense des droits de l'Homme ce qui signifie que la substance même de l'association détermine souvent la qualité fraternelle. Dans ce cas, elle reste le plus souvent mentalisée et émotive parce qu'elle découle du droit d'appartenance et des statuts dont le but premier est de codifier et normaliser le comportement des membres.

La qualité associative reste donc d'origine purement statutaire et d'une façon générale le règlement des conflits donne la priorité à la gestion de la faute et non à la dignité de la personne.

Dans ce contexte, la fraternité est normative, réductrice, égotique et possessive.

Comment peut-on alors qualifier une telle relation de fraternelle ?

Pour répondre à cette question, il faut se mettre dans la peau d'un homme qui a une très mauvaise audition depuis la naissance et à qui on demande s'il entend bien.

Comment le saurait-il ?

Il répondra qu'il vous comprend parfaitement bien et il a raison.

Tout est donc relatif, y compris le vécu fraternel, mais le Maçon, sait qu'il existe une autre fraternité vécue par l'intelligence du cœur et qu'il a reçue en entrant dans la chaîne d'union lors de son initiation.

De même, il ne jettera pas la pierre à celui qui n'a pas été initié, car à l'instar de cet homme mal entendant, il ne comprend que ce qu'il entend.

Son devoir est donc de ne pas juger sa réponse, mais d'être au contraire encore plus disponible afin de l'aider, s'il le souhaite.

Cette attitude de celui qui sait par rapport à celui qui ne sait pas est la clé de l'intégration éventuelle d'un nouveau membre dans une communauté partageant l'amour fraternel.

Tout au long du chemin de la vie, chacun de nous pourra rencontrer des amis qu'il saura guider vers la Lumière en les aimant parce qu'ils respirent le même air que lui et en les respectant parce qu'ils sont lui, ici et maintenant, par la vie qui les habite.

L'universalité de la fraternité maçonnique fait partie intégrante des plans supérieurs de la conscience humaine.

Ce ne sont plus les hommes qui parlent à travers elle, mais elle qui parle à tous les hommes, quelles que soient leurs qualités.

L'initié représente celui qui sait, sa responsabilité est considérable.

Ne sera-t-il pas celui qui va donner du temps au temps, c'est-à-dire s'affranchir des rythmes de la production pour s'intéresser à l'équilibre des concepts et à la sauvegarde de l'Homme ?

Ne sera-t-il pas aussi celui qui va intégrer la modernité avec la tradition en confrontant les valeurs symboliques des sciences antiques au monde de demain.

Le chantier est immense et le travail difficile, mais au milieu des grabats, les Maçons continueront inlassablement à tailler leur pierre afin de la placer à l'endroit défini par le G.A.D.L.U.

Le grand Œuvre s'accomplira parce que l'architecture de l'édifice reste présente chez tous ceux qui font vœu d'humilité, de silence, de persévérance et qui sont animés d'une volonté sans faille afin de rassembler ce qui est épars.

La fraternité est dans son essence composée aussi en haut, elle vient du Beau, mais comme elle est perçue en bas, on doit faire l'effort de rechercher son sens caché, sa portée perdue en quelque sorte.

Le rôle de l'initiation

Être initié signifie accepter de mourir à la vie profane pour renaître dans la Lumière. Mais aussi, comme l'a écrit Hermès, « la création d'une âme par elle-même ».

Cet acte de création est en définitive l'accès de l'informulé au formulé.

Dans l'espace sacré du Temple, le Vénérable Maître crée et constitue le récipiendaire Maçon. Il le place en fait sur un chemin accepté et voulu par le postulant qui va ainsi prendre conscience à son rythme de la réalité et de sa spiritualisation.

J. L. Henderson dans les « Mythes primitifs et l'Homme moderne » écrit que : « chaque humain a originellement un sentiment de totalité, à savoir un sens très fort et très complet du Soi, le soi étant constitué de la totalité psychique faite de la conscience et de l'océan infini de l'âme sur lequel elle flotte. C'est de ce soi, que se dégage la conscience individualisée du moi, à mesure que l'individu grandit le moi doit constamment revenir en arrière pour rétablir la relation avec le Soi, afin de conserver sa santé psychique ».

L'essentiel du processus initiatique n'est rien d'autre que la quête du Soi afin de mieux retrouver sa totalité. Dans ce contexte, la tenue maçonnique n'est qu'un moyen, tandis que le but est la prise de conscience par l'éveil.

Accéder à ce Soi n'est pas chose facile et la période de maturation peut être parfois longue surtout, quand le langage symbolique, qui est l'alphabet du processus de réitération n'est pas toujours bien assimilé. Mais il représente le seul langage que connaît le psychisme.

Il faut admettre que l'Homme moderne est plongé dans un savoir très rationnel et qu'il a davantage développé l'esprit d'analyse que son intuition.

La conséquence est que la civilisation moderne vit dans l'angoisse, qu'elle a perdu contact avec la Nature qui est pourtant sa seule véritable ressource traditionnelle.

Au-delà de la rationalité qui a permis de nombreuses découvertes scientifiques et d'améliorer le niveau de vie des gens dans les sociétés occidentales, l'Homme a perdu son contact avec l'irrationnel. Il est déséquilibré par un cerveau gauche hypertrophié, mais il continue malgré tout son chemin dans cette impasse.

Cette voie est parfois suffisante, mais souvent incomplète pour tous ceux qui recherchent un sens à leur vie.

La Maçonnerie offre la possibilité d'évoluer par la démarche initiatique et l'initié devient l'égal de l'Homme traditionnel. Il accorde de nouveau de l'importance aux messages d'en haut en cherchant à comprendre leurs sens symboliques.

Le langage symbolique

La fraternité naît de l'amour des autres, mais elle est aussi étroitement liée aux concepts de liberté et d'égalité. Ces trois mots forment un ternaire. Les deux premiers termes liberté et égalité sont en fait opposés et signifie que la liberté sans limites crée le désordre et l'égalité crée l'injustice.

Il est souhaitable de trouver un équilibre entre ces deux forces, lequel est réalisé grâce à la fraternité. Ainsi, une relation duale trouve sa résolution naturelle et harmonique dans un troisième terme qui n'exclut pas les deux premiers, mais qui les associe en formant un ternaire.

La représentation symbolique du ternaire est souvent le triangle dont la surface est inscrite dans un cercle. Le cercle symbolise l'Unité qui inclut le Tout et le Rien, car son tracé est lié au nombre pi, irrationnel et transcendantal.

La règle qui définit l'Harmonie primordiale du ternaire est une vieille connaissance de la géométrie. En effet à partir de n'importe quel point à l'intérieur d'un triangle équilatéral, la somme de la longueur des perpendiculaires abaissée sur chacun des côtés est égale à la hauteur du triangle et, quel que soit l'endroit où est situé le point.

Cette relation remarquable montre à quel point la représentation ternaire des trois concepts de liberté, d'égalité et de fraternité sous la forme d'un triangle équilatéral suppose de celui qui l'accepte une attitude humaniste, une capacité au renoncement et au sacrifice et enfin, une éducation civique.

Ces valeurs sont les bases structurelles d'une société démocratique que les Maçons de l'époque ont mise en œuvre en participant à la rédaction des constitutions américaine et suisse. Il s'ensuit que les actes sociaux qui ne sont que l'étage supérieur de la force créatrice sont réglés dans des équilibres respectant la vie et surtout l'Homme, symbole vivant du Haut sur cette terre.

Par l'utilisation du langage symbolique et de la loi d'analogie, il est permis d'associer tous les ternaires à celui du triangle équilatéral ainsi, apprendre, comprendre et vivre ou sur un autre plan Force, Sagesse et Beauté, ou encore Âme, Corps et Esprit sont analogiquement semblables.

Tous les termes d'un ternaire sont aussi homologues entre eux, ce qui revient à dire qu'il n'est pas absolument nécessaire d'étudier leur historicité. Ainsi force, âme et apprendre sont homologues entre eux. Il suffit de savoir qu'ils sont tous le premier terme d'une relation d'opposition et de dégager le sens du triangle, sans oublier que le sens trouvé doit être vécu et intégré dans la personnalité afin que la volonté puise ses racines dans le cœur, source évidente de l'harmonie.

L'initiation maçonnique est une clé importante de ce processus, car tout ce qui s'accomplit dans le temple est symbolique et totalement interdépendant. C'est par la découverte du rapport des valeurs symboliques que le niveau de conscience s'élève.

L'initié pourra toujours comprendre le triangle comme une figure géométrique utile à la trigonométrie et à la construction, mais un jour le triangle deviendra ternaire, c'est-à-dire que les rapports des côtés, angles et sommets seront liés à son sens de gravité, lieu magique où l'Unité est la clé de l'informulé. La pointe du compas pourra alors dessiner le cercle qui ouvre la voie de la transcendance.

Du monde des idées, le ternaire mutera en trinité et symbolisera le G.A.D.L.U. Le processus de connaissance est maintenant vivant et il enchaîne les cœurs de tous ceux qui boivent à la même source d'amour, lieu géométrique de l'harmonie universelle sur cette terre.

Enfin pour clore ce chapitre sur le langage symbolique, il est utile de rappeler que la partie consciente d'un homme peut être figurée sur trois axes représentant les plans physiques, affectifs et mentaux. Ainsi la conscience peut être représentée par un parallélogramme dont la dimension caractérise le niveau de conscience.

D'autre part, le psychisme est constitué de trois niveaux. Le premier étant celui du moi, domaine du je et de la conscience intérieure, le deuxième celui de l'Inconscient siège des mémoires actives ou en repos et le troisième, celui du Soi ou Âme, siège du non formulé qui englobe le Tout, et qui n'est pas perçu par les deux premiers.

Les symboles sont les outils qui permettent le transfert d'informations du Soi à la conscience. Ils sont le révélateur de monde du Haut et assurent donc cette indispensable liaison, ce retour vers cette mer psychique commune comme le définissait Henderson sans lequel il n'y a pas d'acceptation relationnelle dans la diversité, pas d'amour inconditionnel, pas de compassion.

La fraternité maçonnique

Que représente la fraternité dans une Loge maçonnique et qu'est-ce qui la différencie de la société profane ?

Une Loge symbolise un microcosme de la société civile. Tous les Frères ont des aspirations différentes au vécu de la fonction initiatique. Cette grande diversité est une richesse immense, car elle permet une dialectique permanente par un dialogue serein et respectueux des différences.

Les Maîtres dialoguent avec les Apprentis et Compagnons dans un esprit affectueux où les interrogations respectent le niveau initiatique.

Et qu'en est-il des attitudes de chacun d'eux vis-à-vis de la souffrance d'un Frère subissant un déséquilibre professionnel ou qui nécessite une aide morale ?

Avant de répondre à cette question, il faut définir le sens de l'harmonie dans une Loge et son rapport avec la volonté d'agir.

Une Loge est symboliquement analogue à un homme. Elle a un corps représenté par ses statuts et règlement, une âme qui est la somme qualitative de la conscience des Frères et un esprit fonction du vécu initiatique de chaque Frère.

C'est un ternaire dont la résolution est idéalement située au centre du triangle. À ce point précis, l'harmonie d'une Loge est évolutive c'est-à-dire que son action est au service de l'ensemble des Frères et en particulier du Frère en difficulté, car il suffit d'un seul chaînon faible pour que la résistance de la chaîne diminue.

Tout déplacement du point central doit donc être suivi d'une action de correction. Elle est du ressort de chaque Frère qui a pris conscience du changement d'équilibre, mais généralement la correction est faite dans un premier temps par le Vénérable Maître avec l'aide du comité directeur, puis ratifiée par le collège des officiers et enfin communiquée à la Loge plénière si les solutions n'ont pas été trouvées auparavant.

En aucun cas, le problème ne doit rester sans action, car il entérinerait un nouveau point, une nouvelle référence mal située et non représentative de l'Harmonie universelle.

Cette volonté d'agir doit être sans faille et peut parfois sembler gêner certains Frères.

La fraternité dans la Loge

Une Loge obéit à la même logique d'évolution qu'un Frère. Elle est donc caractérisée par un parallélogramme qui définit son niveau de conscience. Plus celui-ci est élevé et plus les informations entre le Soi, symboliquement représenté par l'égrégore maçonnique nourrissent l'amour fraternel et qualifieront la fraternité.

À contrario, si le niveau de conscience est bas, les activités s'exprimeront essentiellement dans les domaines proches du monde profane. Cela pourrait entraîner à terme des confusions sur les véritables objectifs de la démarche initiatique.

En continuant dans la même logique du rapport avec un Frère, une Loge crée et constitue des Maçons comme elle doit créer tous les actes qui permettent à ceux-ci d'espérer se perfectionner.

Elle doit ne pas ignorer ce qui pourrait l'alourdir en vertu du principe que : de même que tous les Maçons se lèvent ensemble à l'appel du Vénérable Maître, de même ils cherchent à aider ceux qui souffrent et à fortifier leur intuition pour que le champ de conscience de la Loge s'étende jusqu'aux Frères passés à l'Orient Céleste.

Aujourd'hui, le monde profane se construit sur des valeurs mathématiques qui favorisent l'enrichissement personnel au détriment du sens de l'Harmonie et de l'art du compromis.

Ce qui signifie que les états d'âme sont considérés comme sans valeur à l'inverse de l'institution maçonnique qui les reconnaît comme des pépites d'enrichissement personnel et qui les encouragent.

Face à ces importantes contradictions existentielles et sociétales, le Maçon doit avoir une rigueur exemplaire.

Confronté aux choix permanents du pouvoir et de la compassion, il est nécessaire qu'il vive dans une fraternité active et chaleureuse afin que son action exprime toujours le sens du Vrai.

Recevoir des coups dans le monde profane sera alors le juste prix d'une démarche qui ira souvent à rebrousse-poil d'une réalité économique,

La fraternité, fille de l'harmonie

La Fraternité maçonnique est fille de l'harmonie. Elle se conjugue au féminin, car comme Vénus, déesse et planète de l'amour, elle représente les actes de douceur symbolisés dans les Loges par la chaîne d'union.

La chaleur des mains unies diffuse jusque dans les plans subtils de l'inconscient afin de cristalliser la beauté de l'instant.

L'enchaînement des cœurs représente l'acte de création symbolique de l'égrégore maçonnique.

Dans ce plan d'amour universel, les Frères de la Loge se relient à un espace-temps indifférencié d'où émanent les volontés de partage.

Savoir donner, savoir recevoir et savoir partager sont le ternaire d'action de la fraternité maçonnique.

Selon la loi d'analogie, partager est homologue à fraternité qui trouve alors son plan d'action à travers une volonté de reconnaissance et d'action réciproque.

Tel l'Ouroboros rien ne sert à diviser, tout naît d'une volonté unitaire sans début ni fin, car tout est dans l'instant vécu.

La fraternité est vivante en chaque Maçon, elle le lie à tout jamais au devenir de l'Ordre qu'il soit accepté ou non, elle représente une réalité intangible. Le devoir de tout Maçon consiste à la partager.

La fraternité, fille de la raison

La fraternité maçonnique est aussi fille de la raison. À travers Mars, planète de l'énergie et de Mercure, planète de l'intelligence, elle se veut dynamique, entreprenante et communicative.

Le cœur enflammé ne saurait se consumer sans des actes réfléchis et concrets, car il est la source de l'inspiration qui arme alors la volonté d'action pour identifier la nature des déséquilibres dans une loge.

Il permettra de tout mettre en œuvre pour sauver les Frères en difficulté.

Cette volonté est d'ailleurs traduite en Loge par un serment exprimé d'une même voix par tous les Frères présents lors d'une tenue d'initiation au premier grade.

Il ne doit pas avoir de défaillance à ce niveau, car l'énergie martienne et mercurienne peut s'orienter vers le Haut ou vers le Bas, comme de même, le triangle équilatéral peut être exprimé pointe en haut ou pointe en bas.

Une Loge maçonnique affirme être responsable de l'orientation de son triangle puisqu'elle forme elle-même un triangle. Ainsi naît l'action commune de tous les Frères en faveur du maillon affaibli et d'où jaillira l'inspiration salvatrice et réparatrice.

Tel semble être le sens de Mars et de Mercure, unit tous deux dans une action concrète de reconquête de l'harmonie.

La fraternité engage tous les Frères à une rigueur symbolisée par le signe d'ordre, car de même que les Maçons sont à l'ordre en franchissant la porte du temple, de même ils sont droits et en marche au milieu des deux colonnes J. et B. qui représentent dans cette circonstance la relation duale donner et recevoir.

Cette attitude volontaire vers des actions concrètes trouve sa source en eux-mêmes, vu qu'ils sont après les trois pas d'entrée dans le temple le sommet d'un triangle équilatéral symbolisant le partage et par extension la fraternité.

C'est d'eux que viendront les actions de corrections et toute échappatoire provoquera des lésions profondes dans l'égrégore.

Les rituels en font mention et punissent l'inaction. Tel est le sens du devoir en Loge au service de la fraternité maçonnique afin qu'il anime les cœurs de ceux qui agissent dans le vrai pour le bien de celui qui souffre.

La fraternité est forte dans une Loge maçonnique, car c'est dans ce microcosme, véritable Œuvre du Haut exprimée en bas, à l'instar de Saint Jean véritable initié sur cette terre que se développe l'Art royal.

Mais qu'en est-il des actions du Maçon dans la vie profane ? Comment doit-il vivre son art sans dévoiler les secrets ni les arcanes de sa foi maçonnique ?

Le Maçon dans la vie profane

Tout au long de sa vie, le Maçon est confronté à cette question :

Comment vivre son besoin d'équilibre et d'amour dans la société civile tout en acceptant les contraintes de la société de consommation ?

Comment vivre sa sensibilité, son désir de compassion sans être marginalisé et reconnu comme un faible ?

Aujourd'hui, il faut gagner partout et toujours en acceptant le combat. La fin de la lutte est signifiée lorsque la maladie s'installe, lorsque l'incompétence professionnelle est reconnue, lorsque l'incompatibilité caractérologique s'installe dans la hiérarchie, lorsque les amis de toujours vous trahissent, lorsque le stress amène le désordre et la dépression, lorsque le visage se ride et que la sagesse remplace l'impétuosité enfin lorsque l'indifférence de son entourage crée l'angoisse d'être rejeté.

Le monde économique est concurrentiel ce qui entraîne une course à la productivité et sa fonction première est l'utilisation des individus les plus performants.

Le concept est donc sélectif dans sa nature. Il n'y a pas de place pour celui qui ne sait pas ou plus gérer la baisse de performance, les incertitudes, les doutes, les interrogations existentielles.

Sa règle première consiste à consommer toutes les qualités dans le seul but du profit puis de rejeter celui qui est épuisé dans les mains de l'état ou dans un corps social.

Le système économique est autonome. Il cherche en permanence des équilibres pour survivre. Il agit sans se soucier de la nature et prend des décisions d'autant plus brutales qu'il se sent atteint d'un cancer généralisé et qu'il n'y a aucun médecin pour la soigner.

Ainsi apparaît le Surmoi égotique absolu qui est face à son autodestruction. Les êtres naissent, grandissent et meurent à l'instar des sociétés.

La nôtre a déjà diagnostiqué son grand âge

Les Maçons assistent conscients, mais impuissants face à cette évolution.

Ils sont rares les instants où ils reconnaissent un Frère parmi les collègues et que se passe-t-il ?

Au-delà de la joie de la rencontre et du partage, comment agir ensemble pour annuler, voire modifier certaines décisions contraires à l'intérêt maçonnique, mais en accord avec les objectifs de l'entreprise qui les paye ?

Qui a la réponse à cette question ?

Est-ce que l'ordre maçonnique assumera les conséquences d'une résiliation de contrat privé pour une juste cause maçonnique ?

Toutes ces interrogations montrent combien il est difficile de trouver une adéquation entre l'idéal maçonnique et la volonté d'action dans le monde profane avec ses conséquences pratiques.

Conclusion

Quelles que soient les évolutions de la société, le Maçon restera un entrepreneur de lui-même et aussi un salarié de la Loge, car en recevant son dû auprès d'une des deux colonnes du temple, il accepte de devenir riche de l'amour des autres.

Son rapport à l'argent est profondément distinct de celui du profane, car il aime être payé pour mieux aimer ses Frères et pour construire en respectant les équilibres naturels, ainsi connaît-il la vraie valeur qui relie toutes les actions à l'Unité, centre du cercle et lieu géométrique de la diversité humaine.

Il ne se reconnaîtra pas dans les attitudes impulsives et destructives qui enchaînent la conscience à la culpabilité, mais au contraire il tentera d'en comprendre les mécanismes à la fois, par la connaissance des détails, mais aussi de leurs origines.

Il sera cet homme de synthèse qui, trouvant le point d'équilibre, proposera des actions au service de tous, car personne ne sera oublié sur le grand chemin qui mène à l'Orient.

De même que les Frères n'interrompent jamais leur marche de même la Maçonnerie passera le témoin aux générations suivantes.

Telle est sa mission aujourd'hui, tel est aussi son devoir d'affronter les épreuves dans un esprit serein, positif et dépourvu de passion.

La fraternité, nourrie de la chaîne d'union universelle, représente dans cette optique le ciment commun de tous les Maçons du monde.

Notes

José Bonifacio, En quête de la parole perdue, Édit. Télètes, Paris, 1993

Raoul Berteaux, La voie symbolique, Edit. Edimaf, Paris, 1992

Hervé Masson, Dictionnaire des sciences occultes, de l'ésotérisme et des arts divinatoires, Édit. Sand/Jean-Cyrille Godefroy, Paris, 1982

Henry Tort-Noguès. L'idée Maçonnique. Essai sur une philosophie de la Maçonnerie. Édit. Albin Michel, Paris, 1995

Patrick Négrier, Les symboles maçonniques d'après leurs sources. Édit. Télètes, Paris, 1995

Abolition de la peine de mort

« La peine de mort est le signe spécial et éternel de la barbarie », Victor Hugo

Réflexion d'un Maçon

Pourquoi faut-il encore une fois au début de ce XXIe millénaire porter haut et fort la réflexion sur l'abolition de la peine de mort ?

Depuis 1764, Cesare Bonesana[64] dans son traité « Des délits et des peines » (1764, XXVIII) a montré la voie. Pourtant, 243 ans plus tard 69 pays pratiquent encore activement la peine capitale.

Il existe donc, en l'Homme, un besoin de justice s'affichant par la vengeance qui se traduit encore dans les nations par une justice particulièrement violente qui manifeste le besoin de venger le crime illégal par le meurtre légal.

Ces nations pour des motifs culturels, philosophiques et religieux restent insensibles aux progrès issus des Lumières et de l'évolution de

---

[64] . Criminologue, économiste et juriste italien (1738-1794) influencé par les Encyclopédistes, surtout le baron de Montesquieu.

l'éthique. Elles conservent des comportements archaïques dominés par la Loi du talion « Tu donneras vie pour vie, œil pour œil, dent pour dent, main pour main, pied pour pied, brûlure pour brûlure, blessure pour blessure, meurtrissure pour meurtrissure » (Exode, XXI, 24-25).

Elles acceptent pour certaines d'entre elles le concept de vendetta qui est l'apologie d'une vengeance sacrificielle où le sang de la victime se nourrit de la vengeance contre celui qui l'a versé.

D'autre part, la mort légale exprimée par la justice dans une société démocratique au XXIe siècle est la porte ouverte à toutes les guerres, génocides et autres pogromes. En effet, si la vie et tout ce qui est attaché à sa réalité culturelle et ethnique ne sont pas respectés fondamentalement dans les lois d'une nation, elle peut être banalisée, voire supprimée légalement, dans l'intérêt d'une classe politique déterminée.

Toutes les tyrannies se sont construites de cette façon avec son lot de souffrances.

Le XXe siècle restera dans l'histoire comme celui qui a été le plus meurtrier puisque plus de 90 millions de personnes ont été tuées au nom des idéologies.

L'abolition de la peine de mort est aussi importante que l'abolition de l'esclavage, puisqu'elle obéit à la même logique, qui consiste à retrouver la dignité de l'être humain.

Elle nécessite un combat de tous les jours, car son résultat sera à la hauteur des enjeux du progrès de l'humanité qui doit apporter, non pas la mort sociale par la suppression légale de la vie, mais au contraire le respect de la vie pour tous construite autour d'une justice respectueuse des valeurs de liberté et de perfectibilité.

La suppression légale d'une vie, au nom de la société, est la négation du progrès puisqu'elle contient en germe l'impossibilité de se perfectionner.

En septembre 2006, soixante-neuf pays [65] pratiquaient encore activement la peine capitale selon Amnesty International et quatre-vingt-neuf États[66] ont à ce jour aboli la peine de mort.

---

[65] . Ces États prévoient la peine capitale dans leur législation et l'appliquent dans les faits :
Afghanistan Antigua et Barbuda Arabie Saoudite Bahamas Bahreïn Bangladesh Barbade Belarus (Biélorussie) Belize Botswana Burundi Cameroun Chine Comores Corée du Nord Corée du Sud Cuba Dominique Égypte Émirats Arabes Unis Érythrée États-Unis Éthiopie Ghana Guatemala Guinée Guinée Equatoriale Guyana Inde Indonésie Irak Iran Jamaïque Japon Jordanie Kazakhstan Kirghizistan Koweït Laos Lesotho Liban Libye Malaisie Malawi Mongolie Nigeria Oman Ouganda Ouzbékistan Pakistan Palestine Qatar République démocratique du Congo Rwanda Saint Vincent et les Grenadines Saint-Kitts-et-Nevis Sainte-Lucie Sierra Leone Singapour Somalie Soudan Swaziland Syrie Tadjikistan Taïwan Tanzanie Tchad Thaïlande Trinité et Tobago Vietnam Yémen Zambie Zimbabwe.

[66] . Ces États ont aboli la peine de mort en droit pour tous les crimes: Afrique du Sud Allemagne Andorre Angola Arménie Australie Autriche Azerbaïdjan Belgique Bhoutan Bosnie-Herzégovine Bulgarie Cambodge Canada Cap Vert Chypre Colombie Costa Rica Côte d'Ivoire Croatie Danemark Djibouti Équateur Espagne Estonie Finlande France Géorgie Grèce Guinée Bissau Haïti Honduras Hongrie Iles Marshall Iles Salomon Irlande Islande Italie Kiribati Libéria Liechtenstein Lituanie Luxembourg Macédoine Malte Maurice Mexique Micronésie (États Fédérés de) Moldova Monaco Monténégro Mozambique Namibie Népal Nicaragua Norvège Nouvelle Zélande Palau Panama Paraguay Pays-Bas Philippines Pologne Portugal République dominicaine République thèque Roumanie Royaume Uni Saint-Marin Saint-Siège Samoa Sao Tomé et

La Chine arrive largement en tête, avec officiellement 1 770 exécutions par an. Cependant, le chiffre réel s'approcherait des 8000 condamnations. Viennent ensuite l'Iran (94 exécutions), l'Arabie Saoudite (86) et les États-Unis (60). À eux quatre, ces pays procèdent à 94 % des exécutions dans le monde.

Les méthodes les plus répandues sont la pendaison et l'arme à feu. Un pays pratique l'électrocution et l'injection létale (États-Unis), deux autres la décapitation (Arabie saoudite et Irak), et deux autres la lapidation (Afghanistan et Iran). L'Iran assure avoir mis en place un moratoire sur la lapidation. Or selon des militants iraniens, il y aurait eu 2 lapidations en Iran en 2006, et 11 condamnations.

D'autres pays[67] prévoient la possibilité juridique d'exécuter un criminel de droit commun, mais ne l'appliquent plus. Ils sont à l'heure actuelle 29 dans ce cas. Il faut y ajouter 11 autres pays[68] qui réservent la peine de mort à des crimes exceptionnels tels que la haute trahison, qui, en pratique, l'ont également abandonnée.

Principee Sénégal Serbie Seychelles Slovaquie Slovénie Suède Suisse Timor Leste Turkménistan Turquie Tuvalu Ukraine Uruguay Vanuatu Venezuela

[67]. Algérie Bénin Brunei Darussalam Burkina Faso Centrafrique Congo Gabon Gambie Grenade Kenya Madagascar Maldives Mali Maroc Mauritanie Myanmar (Birmanie) Nauru Niger Papouasie Nouvelle Guinée Russie Sri Lanka Suriname Togo Tonga Tunisie

[68]. Albanie Argentine Bolivie Brésil Chili Fidji Iles Cook Israël Lettonie Pérou Salvador

Les autres pays ont aboli la peine de mort pour tous les crimes. Dernier en date : les Philippines, en juin 2006. Selon Amnesty International, chaque année, 3 pays abolissent la peine capitale.

Il est extrêmement rare qu'un pays abolitionniste revienne sur sa décision. Seuls 4 pays ont rétabli la peine de mort : le Népal et les Philippines l'ont à nouveau abolie depuis ; la Gambie et la Papouasie-Nouvelle-Guinée n'ont, elles, procédé à aucune exécution.

En Suisse, les chambres fédérales votent l'abolition de la peine de mort en 1937 pour les crimes de droit commun, mais la maintiennent dans le Code pénal militaire. Depuis 1999, son interdiction figure expressément dans la Constitution fédérale. Sur le plan européen, l'étape décisive a été franchie en 1982 avec l'adoption du protocole n° 6 de la CEDH (Convention européenne des droits de l'Homme), qui interdit la peine de mort en temps de paix.

De quels droits et par quels moyens se permet-on d'ôter la vie d'un être humain, même mauvais ?

La peine de mort légale a accompagné toutes les civilisations. Ce n'est que depuis le XVIIIe siècle que la conscience de faire autrement a commencé.

Le Code d'Hammourabi (2285-2242 av. J.-C.) définit les mises à mort par le feu, l'eau et le pal[69].

---

[69]. Le pal est une forme d'exécution se rapprochant de l'empalement. L'empalement permet d'exécuter un nombre important de personnes en un espace restreint et sans nécessiter un matériel complexe. Selon une méthode illustrée sur des reliefs assyriens, la victime était empalée juste en dessous du sternum sur un

Les livres du lévitique et de l'Exode demandent la mise à mort dans le cas de meurtre, rapt en vue d'esclavage, idolâtrie, sorcellerie, adultère, inceste, sadisme, bestialité et prostitution.

De même, l'inquisition dès le XIIIe siècle a mis en place un code de punition pour éradiquer les cathares : La prison au « murus strictus », la prison au « murus strictissimus », le bûcher à feu ardent, entraînant un trépas rapide, le bûcher à feux doux, prolongeant longtemps le supplice.

On se souvient de la barbarie du châtiment que Philippe le Bel en 1314 a exercé sur les frères Philippe et Gaultier d'Aulnay, tous deux écuyers du roi suite à leur liaison adultère avec Marguerite de Bourgogne, femme du futur roi Louis X le Hutin et Blanche de Bourgogne ; il les a fait écorcher vifs devant des milliers de personnes, châtrer, accrocher à la queue de chevaux puis, encore vivants, décapiter et pendre par les pieds au gibet de Montfaucon[70].

Aujourd'hui, la mise à mort par la justice est semble-t-il plus « humaine » puisqu'elle est réalisée par injection létale de penthotal, de curare, ou de chlorure de sodium. Imaginons ce qui se passe dans la tête du bourreau, pendant qu'il assassine légalement un condamné : « Je te fais assoir, je te

---

pieu planté à la verticale, puis laissée telle quelle jusqu'à ce que mort s'ensuive. Source : Wikipédia

[70] . Les grandes dates de l'histoire de France, p. 48, Jean-Joseph Julaud, FIRST Editions, Paris, 2006

paralyse, je te congèle ». Existe-t-il une mort sans douleur, vraiment sans douleur ?

Selon Mario Marazziti, porte-parole de la Communauté de Sant'Egidio et cofondateur de la Coalition mondiale contre la peine de mort, la première exécution par injection létale s'est déroulée au Texas en 1982.

Carroll Pickett, un pasteur méthodiste, a accompagné les 95 premiers condamnés à mort. Il a raconté qu'on a fait des essais pendant un mois pour constater qu'il fallait fixer le brancard au sol, car le condamné se débat, dans tous les sens et l'aiguille sort quelques fois de la veine. C'est la raison pour laquelle on utilise les deux bras. L'un des deux est en réserve. Puis, tout s'arrête. Il n'y a pas de réaction, parfois un demi-sourire, la respiration cesse. C'est du moins la version officielle.

La réalité est tout autre. Une substance à base de curare paralyse les muscles, tandis qu'une autre congèle et détruit. La sensibilité ne disparaît pas, seulement la possibilité de hurler et de se rebeller contre l'horreur. On a la sensation d'exploser de l'intérieur et on ne peut pas même crier a expliqué le British Médical Journal.

La guillotine[71], rapide et efficace aussi devait « humaniser » la mort à l'encontre du cyanure des

---

[71] . Le 6 octobre 1791, l'Assemblée législative promulgue une loi déclarant que « tout condamné à mort aura la tête tranchée ». L'appareil fut testé à l'Hospice de Bicêtre. Mais, en l'absence de plans précis pour la construction de la machine, la suggestion de Guillotin, bien qu'initialement soutenue par Mirabeau, mettra plus de deux ans à entrer en application. Le premier projet de guillotine avait une lame horizontale. C'est le docteur Louis, célèbre chirurgien de l'époque, qui préconise,

chambres à gaz, avec sa mort lente par étouffement, de la lapidation, si archaïque et barbare, du peloton d'exécution, si imprécis, de la pendaison : la tête peut être arrachée, ou la mort plus lente, de la chaise électrique, qui fait parfois brûler la tête, ce qui n'est pas agréable à regarder.

Les exécutions « s'humanisent » aussi pour ceux qui y assistent et pour ceux qui administrent la mort.

Après la barbarie, quelques réflexions utopiques

Le trépas d'un assassin, d'un homme ayant tué d'autres hommes peut-il être la volonté de tous ? Elle n'est pas, à coup sûr, un mobile suffisant, car la volonté des hommes dépasse parfois la mesure du possible et du permis.

Qui n'a jamais rêvé d'un monde parfait, d'où l'on aurait soustrait tous les êtres mauvais, tous les bandits et tous ceux qui font du mal ? Mais un vœu

---

dans un rapport remis le 7 mars 1792, la mise au point d'une machine à lame oblique, seul moyen de donner la mort à tous les condamnés avec rapidité et sûreté, ce qui n'était pas possible avec une lame horizontale. Le constructeur de la première guillotine fut un facteur de clavecins prussien, établi à Paris, nommé Tobias Schmidt, ami personnel du bourreau de la capitale Charles-Henri Sanson. Schmidt fabriqua la machine pour la somme de 812 livres. Il faut noter que jamais le docteur Guillotin n'assistera à la moindre exécution capitale, et que, jusqu'à sa mort survenue en 1814, il déplorera en petit comité que son nom soit associé à la machine dont il n'avait fait que préconiser l'étude et l'usage. Au final, et contrairement à ce qui a été maintes fois dit et écrit, le docteur Guillotin n'a pas été victime de sa machine, mais d'un anthrax à l'épaule gauche. Source : Wikipédia comme celui — ci ne peut que rester qu'abstrait, et ne peut se concrétiser, comme pour la peine de mort.

Elle doit rester l'expression d'un souhait qu'il est interdit de réaliser, comme un vœu que l'on ne devra jamais chercher à exaucer, comme une utopie, qui devra faire place à une lourde peine de prison à vie, s'il s'agit de sanctionner des actes criminels.

Par ailleurs, il faut également penser à la kyrielle de personnes injustement condamnées, et dont l'innocence n'a été établie qu'après leur exécution. Dans ce cas, les détenteurs du pouvoir qui leur ont fait ôter la vie ne sont-ils pas les coupables, qui mériteraient la peine de mort ?

En tous cas, en pareille circonstance, même si le remords devait torturer les bourreaux, rien ne pourra rendre la vie aux hommes occis.

Le droit de l'état face à la vie

La société a-t-elle le droit de supprimer la vie ? A-t-elle une légitimité justicière naturelle par la pratique d'une vengeance légale ? Personne ne doute que l'état a un pouvoir de contrainte qui est interdit aux individus. Toute la question est de savoir si ce pouvoir s'arrête avant la mort ou inclut la mort.

Pour résoudre ce problème on doit se poser la notion de perfectibilité de l'Homme. Si l'on croit que l'Homme est réformable c'est-à-dire qu'il est capable de s'améliorer et de s'amender de ses actes criminogènes, alors la peine ne peut être la mort, puisque le condamné est susceptible de changer de mentalité et d'entrer dans une véritable repentance ce qui permettra, à terme, par une rééducation fondamentale, à une authentique resocialisation.

Dans cette disposition, le condamné purgera sa peine et finalement retrouvera sa liberté guérie de ses perversions ou de ses désirs criminels.

Il ne fait aucun doute que la privation totale de la liberté ne peut être une formule absolue, puisque dans ce cas de figure la société envisage la réintégration et parie sur le changement.

Envisager la perte définitive de liberté suppose que l'Homme n'est pas perfectible et qu'il n'est pas capable d'opter pour de profonds changements.

C'est une prime totale à la vengeance et à l'échec de l'évolution psychologique et sociale.

Cette attitude cautionnerait le maintien de la peine de mort dans les cas où la perversité et l'inhumanité du justiciable ne seraient susceptibles d'aucune réintégration. Mais c'est aussi un revers inacceptable puisque la responsabilité collective envers tous ses membres est mise en défaut.

Elle n'est donc pas un argument pour la justifier. Il est donc nécessaire d'inscrire la persévérance dans le choix de sanctions qui favorisent l'évolution positive des condamnés de sorte qu'ils puissent guérir de leur perversité criminogène, pour ainsi faire honneur à la Société.

Ces condamnés ont donc droit à des soins jusqu'à leur dernier souffle.

La démocratie est un régime qui par principe ne devrait plus exécuter les condamnés à mort puisqu'elle doit respecter leurs droits fondamentaux (droit à la vie, légalité de tous devant la loi, le droit à la défense).

Le Maçon face à la peine de mort

Les Anciennes Obligations des Maçons francs et acceptés du 25 mars 1722 dans leur premier chapitre [72] qui traite de Dieu et de la religion expriment l'impératif d'obéir à la loi morale[73].

Il est donc utile de comprendre ce que signifie la loi morale en ce début du XVIIIe siècle.

---

[72] . « Un maçon est obligé, de par sa tenure, d'obéir à la loi morale. S'il entend bien l'Art, il ne sera jamais un athée stupide ni un libertin irréligieux. Si, dans les temps anciens, les maçons étaient obligés, en tous les pays, de suivre la religion de ce pays ou de cette nation, on juge plus commode de nos jours de ne les obliger qu'envers la religion sur laquelle tous les hommes se mettent d'accord, laissant à chacun la liberté de ses opinions personnelles. Cette religion consiste à être hommes de bien et sincères, hommes d'honneur et de probité, quelles que soient les dénominations ou les croyances qui puissent les distinguer. Ce en quoi la Maçonnerie devient le Centre de l'Union et le moyen de réunir, par une vraie amitié, des gens qui sans elle seraient à jamais restés étrangers »

[73] . Loi morale : Au singulier, il s'agit de l'impératif qui interdit à l'Homme certains comportements, non pas pour le seul motif que ces comportements seraient sanctionnés par le droit, mais parce qu'ils sont indignes de l'Homme. Située bien en amont des lois civiles, la loi morale définit le bien et le mal, en commandant de faire le premier et de rejeter le second. Elle est universelle, immuable et transcende toutes les expressions écrites qui peuvent chercher à l'exprimer (règles déontologiques, avis des divers comités d'éthique, etc.). C'est, pour les juifs et les chrétiens, le registre du Décalogue et, pour beaucoup de nos contemporains, celui des Droits de l'Homme.
Source : http://www.portstnicolas.org/spip.php?article981

Jusqu'à la révolution copernicienne qui initie le début des Lumières, seules les religions monothéistes apportaient, à travers les prêtres dépositaire du savoir, la réponse à cette question fondamentale : « Comment devons-nous vivre ». La réponse était donnée dans les textes sacrés (la bible, la Thora, le Coran), mais aussi à travers la jurisprudence des institutions religieuses qui, comme indiqué précédemment, s'affranchissaient facilement du décalogue compte tenu des impératifs politiques (croisade, inquisition, templier).

À partir du XVIIe siècle, l'Homme peut se libérer des dogmes religieux et envisager seul son devenir métaphysique. Il est donc capable d'interpréter la loi morale en ses termes :

« Pourquoi puis-je avoir un comportement moral ou immoral et pour quelle raison devrais-je choisir un comportement moral » ?

Dans ce contexte, ce n'est plus Dieu qui oriente la volonté de l'Homme. Personne n'est plus en quelque sorte assujetti à la trilogie, chute, péché et rédemption, qui trouve sa résolution dans le respect strict du décalogue ou de l'Ancien Testament.

L'humanisme peut enfin être construit dans la liberté et chacun devient le créateur de lui-même parce qu'il a dominé la bestialité au profit de la raison.

Il va sans dire que cette nouvelle liberté ne substitue pas le mal au bien, d'où le rôle de la raison pour faire appliquer la loi morale. Le devoir de nécessité reste un impératif constitutionnel pour le Maçon et comme le dit Kant c'est la nécessité d'accomplir une action par respect pour la loi[74], à savoir que l'on peut obéir de deux façons : soit par respect pour la loi, parce que c'est la loi, soit en vue d'un but déterminé qu'on veut atteindre.

Obéir à la loi morale veut dire qu'il faut qualifier la raison comme un moyen d'appliquer son sens moral, compte tenu des vertus développées dans le procédé initiatique.

Cela reste une démarche originale, novatrice et profondément humaniste. Il est bien entendu que tout le sens des rituels est fait pour orienter l'initié vers l'humanisme.

D'autre part, la méthode maçonnique propose une élévation du niveau de conscience par l'élimination de tous les phénomènes régressifs vers les stades infantiles de l'existence qui enferment les individus sur eux-mêmes.

Cette démarche qui consiste à s'avancer vers le Tout, à s'ouvrir à l'humanité, aux beautés de la nature, de l'art et de la science, par la voie des devoirs quotidiens, mais aussi par celle de l'amour et de la pratique active de la fraternité.

On voit que le respect de la loi morale traduit une volonté de construire le temple idéal de l'humanité, en commençant par celui qui est en chaque homme.

---

[74] . Fondements de la Métaphysique des mœurs, Première section. Présentation de J. Jean Costilhes, Première section Édit. Hatier – 1966

D'autant qu'elle débouche naturellement sur la construction d'une société démocratique.

La liberté régie par la loi morale d'une société s'affirmant libre s'articule à la fois sur l'altruisme et sur la raison.

Pour vivre ensemble et construire harmonieusement dans une Loge et dans la société, la loi morale ne peut pas s'appuyer sur le mal, car ce serait, dans l'Ordre philosophique, la négation de la raison, dans l'Ordre social la négation du devoir, et dans l'ordre physique la résistance aux lois inviolables de la Nature.

Un tel choix principiel présuppose le mensonge comme point de départ ce qui favorise l'injustice, l'iniquité, l'anarchie, le dérèglement des systèmes et finalement la mort de la Loge ou de la société.

La peine de mort signifie l'aboutissement logique d'un mensonge d'État, du moins dans les sociétés démocratiques.

Depuis Rousseau, l'Homme n'a pas de nature humaine, et aucun programme naturel ou social ne peut absolument l'enfermer. Il est libre et indéfiniment perfectible comme le souligne le code maçonnique qui rappelle que le Maçon est libre et qu'il ne met aucune limite à la recherche de la connaissance dans sa quête du Vrai et du Beau. Il est ainsi possible d'évoluer indéfiniment, ce qui sous-entend qu'un justiciable puisse s'amender si l'éducation qu'il reçoit est correctement appropriée à sa pathologie.

Conclusion

Condorcet[75] a prononcé les paroles suivantes dans son discours de réception à l'Académie française le 21 février 1782 :

« Dans tous les hommes, l'ignorance est la source la plus féconde de leurs vices ; mais c'est surtout pour les hommes revêtus d'un pouvoir suprême que cette vérité est incontestable… »

Est-ce que les Maçons puisent leur force et affermissent leur volonté dans l'ignorance, qui acceptent les dogmes comme un guide de vie au mépris de leur propre liberté de conscience, qui autorisent la mort légale pour satisfaire leur instinct de vengeance ?

Assurément pas, car, ils sont les dépositaires d'un pouvoir suprême qui consiste à pratiquer la loi éthique de l'époque, immuable depuis les Lumières. Leur action est de faire le bien pour l'amour du bien et croire en l'Homme et en sa perfectibilité.

Par cette attitude, la Maçonnerie, en tant qu'institution, sera le phare qui illuminera le respect de la vie et donnera à tous les justiciables, quels que soient leurs actes, des chances véritables de réhabilitation et de réintégration.

Sans ces possibilités, le respect de la vie demeure une hypocrisie crasse.

---

[75] . Condorcet philosophe, mathématicien né à Ribemont (Picardie), le 17 septembre 1743. Mort en prison le 28 mars 1794.

Le sens de la vie en temps de crise

« L'espérance, c'est croire que la vie a un sens », *Abbé Pierre*

Chaque fois que l'humanité vit une crise majeure, les hommes éprouvent le besoin de dépasser leur banalité. Pour beaucoup d'entre eux, cette situation engendre le déclenchement d'un processus de recherche des tenants et aboutissants du conflit, ainsi que d'une analyse des conséquences pour lui, sa famille et son pays.

Ce qui motive une telle attitude s'apparente, en premier lieu, à la peur de souffrir et de perdre les acquis sociaux professionnels, puis dans un deuxième temps à la nécessité impérieuse de calmer la révolte qui gronde dans le for intérieur.

Le sentiment d'injustice qualifie souvent le moteur qui entretient cette prise de conscience. Plus il est fort et entretenu, plus il développe des réactions contrastées selon le niveau de conscience.

Au bas de l'échelle, l'Homme s'abreuve à la source des idéologies de la propagande qui définit les stéréotypes de l'idéologie politique dominante.

En haut de la pyramide sociale, l'Homme utilise sa raison et son esprit critique, voire ses convictions intimes, pour définir un comportement qui tient compte à la fois de la réalité familiale et de l'évolution du genre humain.

Ces deux attitudes et toutes celles qui sont comprises entre ses deux pôles, pour importantes qu'elles soient dans la résolution des tensions psychiques, restent profondément insuffisantes en regard de la réalité métaphysique.

Cette impossibilité d'être un acteur de la réalité du conflit est très frustrante et amplifie toujours plus la soumission à l'information, car l'enchaînement rapide des faits, non soumis à une critique objective aveugle la lucidité qui développe pour les plus faibles un comportement défaitiste et, pour les plus forts, un besoin d'en découdre le plus vite possible.

La nature reprend ainsi vite ses droits puisqu'on retrouve chaque fois que la peur s'installe, l'avènement des instincts primaires définis par le couple dominant dominé.

Dans cette disposition, le cercle est fermé, puisque seuls les instincts de la survie dictent les comportements sociologiques. Sans possibilité de libération par le haut, tout se passe à l'intérieur du cercle, dans le seul plan possible, celui où les faits naissent et meurent à l'infini, sans espoir d'évolution, et dans un désert spirituel.

Toutes les voies qui enrichissent

À ce stade de l'analyse, les Maçons doivent poser la question du sens de la quête initiatique en situation de crise morale et de ses rapports avec la psychologie, la raison, la vie et l'Esprit.

Être initié c'est accepter le chemin du sens de la vie par la mort et non pas celui de la révélation des dogmes et des sacrements chrétiens. Ce distinguo est fondamental, quant à la compréhension de ce qui va suivre, et non exclusif puisque l'initiation maçonnique accepte toutes les voies qui enrichissent l'acte de transcendance.

Elle part du principe de base que « tout est en nous » y compris l'intentionnalité primordiale ce qui laisse la voie ouverte à toutes les possibilités de recherche. Mais elle présuppose que la confusion des genres nuit à la lucidité intérieure, ce qui signifie qu'il faut choisir une voie principale et si possible s'y tenir.

D'autre part, si le sens de la vie passe par la quête initiatique maçonnique, elle demande une exigence supplémentaire, qui consiste à rejeter tout ce qui semble superficiel et non adapté à une démarche d'ordre métaphysique. En effet, il existe chez l'Homme et, en particulier chez le Maçon, de multiples possibilités de s'abriter derrière des croyances, comme celles de l'idolâtrie du travail, du progrès technique et social.

Toutes les actions moralisatrices accordent aux actes humains une valeur en soi, mais elles ne sont, en fait, que des artéfacts créés dans le substrat d'une idéologie dominante, en l'occurrence le néolibéralisme qui entretient la confusion et façonne le libre arbitre vers les principes de nécessité.

Il en sera ainsi de même pour tous les idéalismes humanistes. On doit faire attention à ne pas tomber dans le piège d'un humanisme athée et matérialiste, dont la seule fonction est d'attribuer de l'importance à l'Homme pour l'Homme et dans celui d'un humanisme théiste dans lequel toutes les actions sont des actes de reconnaissance pour Celui qui a créé le monde.

La confusion extrême pour l'entendement humain apparaît lorsque l'humanisme matérialiste rejoint l'humanisme théiste. Un exemple de cette attitude est donné aujourd'hui dans la guerre de l'Afghanistan où au nom de Dieu on tue et en même temps on parachute des vivres.

Le paradoxe métaphysique semble total lorsqu'il se vit dans un idéalisme sentimental, d'où la nécessité de vaincre avec acharnement les forces contraires au principe d'amour universel.

C'est dans ce parcours escarpé, violent, souvent à la limite de la fracture qu'apparaissent en point de mire la lucidité intérieure et la clarté intuitionelle qui fortifient le courage à affronter la réalité de la dualité.

Dans l'apprentissage de la vie communautaire maçonnique, le jeune Apprenti vit ce parcours en respectant la loi du silence. Ce n'est pas anodin, car en pratiquant la méditation et la recherche sublime de la Vérité il a la possibilité d'entrevoir le reflet de ce qu'il recherche à savoir donner un nom à sa vie et y trouver un sens.

En dépassant la dualité et en allant au-delà des notions du Bien et du Mal, il s'affranchira aussi de l'erreur moralisatrice qui veut le dissoudre dans la banalité.

Il retrouvera finalement le sens de la vie qui passe par celui de la mort, mais aussi le sens de la mort à travers la quête initiatique et qui développe le discernement.

Au-delà de la banalité

Mais que signifie le discernement ?

Avant tout, il indique la possibilité de distinguer ce qui est réel de ce qui ne l'est pas. En Maçonnerie, il existe deux symboles qui sont utiles dans ce travail : le Miroir et l'Étoile flamboyante.

Par l'Étoile flamboyante, le Maçon peut espérer se situer dans le monde terrestre, cosmique et éternel. Le discernement, à ce stade, c'est savoir distinguer sa réalité dans l'unité.

Sur terre, on vit la dualité et on est enfermé dans une banalité ou tout se déroule indéfiniment et sans but. Dans ce contexte, comment trouver du sens à l'histoire des Hommes, sans chercher celui de la souffrance et quel est le sens de la souffrance puisque sa limite est définie par la mort ?

L'Étoile flamboyante oblige à regarder au-delà de la banalité et de la dualité. Elle exige un choix et une sorte de jugement qui est d'accepter profondément que l'Esprit vivifie et que la lettre tue.

Lorsque ce choix est fait en son âme et conscience, le discernement s'estompe puisque l'Homme a vaincu la dualité et qu'il est dans la pure essence. Il est dans le domaine des potentialités et des relations. Ici, il peut vraiment créer et redécouvrir sa dimension cosmique et son amour infini pour la Lumière.

L'aventure humaine commencée depuis des temps immémoriaux peut donc se poursuivre dans l'objectivité, dans cet état particulier de l'initié qui a accepté le sacrifice symbolique comme voie de salut et hors de tout sentimentalisme moral.

Ainsi les guerres ne seront pour lui que la résultante de la vanité humaine qui prône l'apologie de la banalité et de l'irresponsabilité.

Ainsi, verra-t-il avec douleur les hommes enfermés dans leurs dogmes idéologiques rester les esclaves d'eux-mêmes ?

De même, imaginera-t-il les initiés armés du glaive de la justice reconstruire avec l'aide de l'Amour une société où l'harmonie et le bien vivre ensemble refléteront les diversités ethniques ?

Cette société idéale ne pourra se réaliser que si l'énergie destructrice, profondément ancrée dans la nature humaine, se transforme en énergie reconstructive, à l'instar des réactions nucléaires dans le soleil qui réchauffe la terre.

Une telle transformation ne fera pas l'économie d'une éducation appropriée aux nouveaux paradigmes ni sans acceptation d'un principe universel qui transcende tous les liens qui fondent la réalité.

La préservation de la liberté de conscience a un prix et suppose, à priori, que la règle du jeu soit connue et respectée de tous. Même si le jeu n'existe plus ou, pire, s'il est en tapi à l'ombre de l'ignorance universelle.

Donner du sens à sa vie

À côté de l'Étoile flamboyante, symbolisant l'Esprit, il y a le Miroir qui rappelle l'impérieuse impossibilité d'agir en haut, tant que l'égo n'a pas été sacrifié.

Mais comment le sacrifier, s'il n'existe pas une cohérence psychique, structurant la réalité duale par la raison ?

En Maçonnerie, cette lucidité est nourrie du devoir qui, jaillissant de la loi morale et de l'éthique des droits de l'Homme, définira pour chacun le chantier dans lequel il sera le vrai constructeur d'une société nouvelle, malgré les affres de la crise.

Le Miroir reflète ce qui unit, mais aussi ce qui discrimine.

Comprendre cette subtilité signifie encore une fois choisir ce qui enflamme les cœurs au lieu de ce qui les assèche. En effet, rompre le lien avec la

Lumière développe l'orgueil de la condition humaine en magnifiant la raison raisonnante et le veau d'Or tout en entretenant le cycle infernal de la banalité.

Mais lorsque le Miroir rassemble ce qui est épars, il révèle une Lumière inspiratrice d'une réalité métaphysique qui enjoint le Maçon dans le théâtre de la vie humaine à ne voir qu'un seul spectateur dans la salle : en l'occurrence sa conscience.

Une fois reconnue et respectée, elle guidera ses pas et donnera du sens à sa vie, quelle que soit la nature des crises de la société.

La laïcité : une tolérance indispensable

« Trop souvent, les hommes ont tendance à privilégier ce qui les divise. Avec la laïcité, il faut apprendre à vivre avec ses différences dans l'horizon de l'universelle, sans jamais oublier qu'on a des intérêts communs en tant qu'homme », Henri Pena-Ruiz

La Maçonnerie régulière[76] est une institution qui utilise la démarche initiatique pour faire progresser ses membres vers le Juste et le Beau.

Elle postule que la Bonté érigée en valeur sacerdotale peut transcender toutes les actions humaines volitives.

Elle s'offre aux impétrants qui acceptent avec authenticité les arcanes de l'initiation, dans le but sublime de construire une nouvelle personnalité, car ils verront l'intelligence du cœur s'affirmer toujours

---

[76] . Une obédience maçonnique est régulière si elle obéit aux critères suivants :
La croyance en Dieu, à des degrés divers, allant de la « Foi en Dieu » pour certaines, à la simple « croyance en l'existence d'un Être Suprême » pour d'autres.
La présence d'un livre sacré dit Volume de la Sainte loi (Bible, Torah, Coran, Granth, etc.) dans la Loge.
L'interdiction de toutes discussions politiques ou religieuses en Loge.
L'interdiction de tout contact avec les obédiences féminines ou mixtes
La reconnaissance par la Grande Loge Unie d'Angleterre

plus dans le domaine de la raison par l'acquisition d'une Lumière spirituelle graduellement plus vive.

Ils auront ainsi la possibilité d'aiguiser leur lucidité, afin de rassembler ce qui est épars et d'être actifs dans le grand chantier de la construction du Temple universel où règneront à la fois, une justice respectueuse des libertés de croyance et de culture et une éthique ontologique, véritable garante d'un humanisme cosmopolite.

Dans le corpus de cette démarche initiatique, propre à la Maçonnerie spéculative, semble inclut, implicitement, l'acceptation d'un déterminisme principiel, celui de croire que la recherche de la Lumière, par la méthode initiatique, représente la voie qui mène nécessairement à l'harmonie en soi-même et de la société en général.

La confirmation de cette disposition est exprimée dans le rituel du premier grade de la Loge Fidélité & Prudence lorsque le Vénérable communique le mot de passe à l'impétrant comme suit : « ce mot hébreu signifie possession du monde et exprime symboliquement la volonté qu'ont les Maçons d'assurer la force et la puissance de leur ordre dans toutes les parties de l'Univers ».

Ce dessein universel et hégémonique respecte-t-il dans ses fondamentaux la laïcité ou au contraire recèle-t-il des éléments qui la violeraient ?

La définition de la laïcité a comme fondement le respect de l'Homme dans son ensemble physique, moral, spirituel et philosophique. Elle stipule que chaque être humain doit être libre de croire en Dieu, de ne pas y croire ou de douter, ce qu'exprime Edgar Morin, en soulignant[77] « qu'elle est la rationalité critique et la pluralité opposées aux dogmes et au monopole de la vérité »[78]

En conséquence la laïcité ne rejette et ne combat pas les religions, mais au contraire les accepte toutes. Chacune d'elle peut donc exister, s'exprimer, et cohabiter. De même, elle permet aussi l'agnosticisme, l'athéisme, le déisme et le théisme. Elle exclut tout privilège spécifiquement accordé aux religions et aux associations philosophiques.

Ce qui pose problème à la laïcité est la captation du pouvoir politique par les institutions religieuses et philosophiques.

On note que ce rapport particulier de la religion avec l'État a existé en particulier sous l'ancien régime en France et jusqu'à la Révolution française.

La religion catholique imposant unilatéralement ses dogmes et son monopole de la Vérité. Depuis la loi du 9 décembre 1905 dite : « loi de séparation de l'église et de l'état », la laïcisation de la société française est assurée puisqu'aucune religion ou société philosophique ne peuvent imposer, à leur profit, des règles spécifiques.

---

[77] . Edgar Morin est l'un des penseurs français les plus importants de son époque, directeur de recherche émérite au Centre national de la recherche scientifique (CNRS). Son œuvre multiple est commandée par le souci d'une connaissance ni mutilée ni cloisonnée, apte à saisir la complexité du réel, en respectant le singulier tout en l'insérant dans son ensemble.
Source : http://agora.qc.ca/mot.nsf/Dossiers/Edgar_Morin

[78] . Le Monde des religions, mars-avril 2008, N°28, p. 82.

Fondamentalement, la laïcité évoque la liberté de conscience et l'égalité entre les êtres humains. Elle refuse tous les dogmes astreignants à une croyance irrespectueuse de la liberté de conscience de chacun.

Elle est un idéal qui permet à tous croyants et incroyants de vivre ensemble dans le respect des différences culturelles, des sexes de la condition sociale et de la race.

Une telle exigence ne peut se réaliser par la force des convictions. Elle doit s'inscrire dans la Constitution et les lois de tous les pays afin de faire barrage aux inévitables corporatismes, aux communautarismes religieux et au clientélisme d'affaires qui pourraient diviser le peuple en groupes de droit concurrents, afin de favoriser une idéologie déterminée.

Pour ne pas encourager ces déviances et leurs inévitables aliénations, il faut, autant que faire se peut, éviter de faire resurgir les démons du passé, en l'occurrence les religions de toutes natures qui ont, pendant des siècles, imposé une morale autoritaire brimant la liberté, l'égalité et le libre arbitre.

En conséquence, la laïcité doit s'inscrire en lettres de feu au cœur de la vie démocratique à savoir dans les constitutions et les lois, pour arbitrer et organiser le bien vivre ensemble des citoyens.

C'est le 26 août 1789 à l'Assemblée nationale française que les valeurs laïques sont inscrites pour la première dans un texte intitulé « Déclaration des Droits de l'Homme et du Citoyen ».

Inspiré de la Déclaration d'Indépendance américaine de 1776 et de l'esprit philosophique du XVIIIe, il marque la fin de l'Ancien Régime et le début d'une ère nouvelle. C'est un texte majeur dans l'histoire de la pensée et de la liberté parce qu'il a imposé l'idée d'universalité des droits de l'Homme.[79]

En 1948, 58 états membres de l'Assemblée Générale des Nations Unies [80] ont adopté la Déclaration Universelle des Droits de l'Homme en vue de combattre l'oppression et la discrimination. Pour la première fois dans l'histoire de l'humanité, la communauté internationale a adopté un document considéré comme ayant une valeur universelle : celle de l'idéal commun à atteindre par tous les peuples et toutes les nations.

Il est remarquable de constater que ces deux déclarations s'inspirent pour le moins des fondamentaux constitutionnels d'un Ordre maçonnique, exception faite, bien sûr, de l'égalité des sexes et de la référence au G.A.D.L.U. Mais pour le reste, l'esprit du texte des Constitutions d'Anderson est respecté.

À titre d'exemple, on note que l'article 4 du texte de 1789 stipule que « la liberté consiste à pouvoir faire tout ce qui ne nuit pas à autrui ».

---

[79] . Citation de Robert Badinter, ancien ministre français de la Justice.

[80]. Pour le texte complet voir : http://www.un.org/fr/documents/udhr/

Ainsi, l'exercice des droits naturels de chaque homme n'a de bornes que celles qui assurent aux autres membres de la Société la jouissance de ces mêmes droits. Ces bornes sont en général inscrites dans les lois constitutionnelles et dans les rituels maçonniques.

On note, en particulier, dans le rituel au 1er grade de la Loge Fidélité & Prudence[81] ces deux maximes moralisatrices : la première ordonne : « fais pour les autres ce que tu voudrais qu'ils fissent pour toi, mais ne fais pas à autrui ce que tu ne voudrais pas qu'il te fut fait » et la seconde : « garde jalousement l'indépendance de ta conscience et n'accepte aucune autre autorité que celle que t'impose ta raison ».

Il est hautement probable que les idéaux de la Maçonnerie étaient connus des membres qui ont participé à la rédaction de ces deux déclarations voire même que certains d'entre eux étaient Maçons.

En définitive, l'idée fondamentale de la laïcité c'est l'affirmation, selon l'historien président du Conseil scientifique de l'UFAL[82] Guylain Chevrier « que ce qui nous fait égaux, la loi, la politique, la démocratie, constitutifs d'une certaine idée de la Nation et de la République, sont au-dessus de ce qui nous différencie, les religions, les origines diverses, les cultures régionales, sans pour autant les mépriser, bien au contraire. ».

---

[81] . Loge Fidélité & Prudence : Rituel des trois grades symboliques, Imprimerie ATAR, Genève, 1931.

[82] . Union des familles laïques.

On ne peut que souscrire à l'affirmation de Guylain Chevrier, car il est essentiel de hiérarchiser les valeurs démocratiques, sous peine d'entretenir une confusion, dans sa pratique.

La laïcité est en quelque sorte le G.A.D.L.U. de la vie en commun. Pris dans cet esprit, ses vertus organisatrices profondément ancrées dans les consciences seront l'alpha et l'oméga d'une société dans laquelle chacun aura sa place, celle où la liberté de conscience, le respect des différences de cultures, de sexes et d'éducation permettront l'avènement d'une meilleure société, totalement multiculturelle, dans laquelle règneront plus de justice et plus d'amour.

La Maçonnerie est laïque dans sa pratique et ses idéaux puisqu'elle développe la liberté de conscience, la tolérance et souhaite que l'harmonie règne dans le cœur des hommes et par extension dans les lois qui régissent les sociétés.

Certaines obédiences se réfèrent à un G.A.D.L.U., sorte de démiurge énergétique, non dogmatique, indéfinissable et personnel distillant la lumière et fécondant la conscience de tout initié qui s'affranchira des certitudes inutiles.

L'universalité du message maçonnique est garantie par la méthode initiatique qui puise ses racines dans la Tradition immémoriale où règnent les archétypes qui structurent l'Unité de la vie.

Rien dans cette méthode ne s'apparente à une quelconque autorité temporelle qui aliènerait la pensée. Au contraire, elle développe toutes les vertus de la laïcité puisque le Maçon accompli est un homme libre, responsable, tolérant la croyance d'autrui et respectant l'Homme dans son ensemble physique, moral, spirituel et philosophique.

Finalement, à la question de savoir si la laïcité est compatible avec « la volonté qu'ont les Maçons d'assurer la force et la puissance de leur Ordre, dans toutes les parties du monde », les faits apportent une réponse positive.

Elle le demeurera tant que l'organisation maçonnique continuera d'être un ordre initiatique traditionnel dont la vocation est l'enrichissement moral des citoyens par le respect des libertés de conscience et par leur engagement dans les corps politiques de pays ayant ratifié la Déclaration Universelle des Droits de l'Homme de 1948. Elle restera cet outil laïque indispensable à l'amplification de la démocratie.

Vouloir étendre l'utilisation de cet outil à toutes les parties du monde est à l'honneur de l'Ordre maçonnique puisque son éthique laïque constitue le fondement et la pierre angulaires de la démocratie d'aujourd'hui et de toujours.

La responsabilité du Maçon

« Il est impossible d'enseigner quelque chose à quelqu'un ; vous ne pouvez que l'aider à le découvrir en lui », Galilée

Depuis 1723, l'Ordre maçonnique est régi par les constitutions d'Anderson qui exige de chaque Maçon un comportement respectueux de sa nature et de la société en général.

Cette responsabilité constitutionnelle d'exigence et d'excellence constitue la première pierre sur laquelle peut se construire une morale universelle d'ouverture à la vie et du bien vivre ensemble qui s'enrichit par défaut de la diversité des cultures, des races et des politiques sociétales humanistes.

L'histoire des Hommes montre à l'évidence qu'une méthode de vie enseignant à la fois la tolérance dans le respect de différences culturelles et philosophiques s'est toujours heurtée aux idéologies organisationnelles lorsqu'elles sont d'origines religieuses ou politiques. D'où la naissance de communautarismes exigeants, irrespectueux des équilibres politico culturels fracturant la société et engendrant dans le cas du terrorisme d'état la haine de l'Homme par l'Homme.

Cette situation semble d'autant plus confuse dans l'esprit du citoyen que ce rejet de l'autre représente le fondement sur lequel est construite la communauté et qu'il bafoue structurellement les droits de l'Homme.

L'irrespect qui en découle devient une norme sociétale acceptée par tous comme un processus banal qui engendre une souffrance d'autant plus difficile à vivre qu'elle semble inéluctable puisqu'incluse dans la survie même du système organisationnel.

Le Maçon en ce début de millénaire vit intensément dans cette société fracturée, divisée où se meuvent conjointement des forces complémentaires et antagonistes d'organisation d'une complexité inimaginable.

L'émergence d'un individualisme de progrès se heurte à un futur du vivre ensemble incertain. Les peurs qui en découlent modifient en profondeur les balises morales religieuses et génèrent des comportements philosophiques inédits qui détermineront peut-être demain des rapports sociaux affranchis des dogmes judéo-chrétiens.

Ces tensions, qui naguère étaient gérées par une morale transcendant un Dieu extérieur omniscient et omnipotent, ne correspondent plus à la célérité d'un monde qui doit réinventer une transcendance plus intériorisée, en quelque sorte plus initiatique.

La Maçonnerie en tant que moteur de création d'altruismes par la voie initiatique se retrouve après 284 ans d'existence d'une modernité exceptionnelle, puisqu'elle est parfaitement adaptée à la transformation d'un individualisme technoscientifique dans un collectif sociétal harmonieux édifié et structuré sans idéologies ni dogmes.

En conséquence, la responsabilité et l'engagement du Maçon doivent encore plus que par le passé s'exercer pleinement. Ils doivent être lucides, sincères et fermes. Ils ne peuvent s'affranchir de compromis et d'attitudes ambigües qui prêteraient le flanc au développement d'une morale contraire aux valeurs maçonniques.

Être responsable suppose donc de prendre en compte totalement et sans compromission dans sa vie, son travail, sa famille et la société les valeurs issues de la méthode maçonnique. C'est faire preuve de tolérance dans chaque situation où la raison ne permet pas de comprendre les agissements de l'autre tout en respectant sa liberté et celle d'autrui.

Être responsable, consiste à défendre parfois par le sacrifice de son égo la défense des intérêts de la société qui se veut juste envers tous et qui doit pratiquer une Justice impartiale disjointe des intérêts des puissants.

Être responsable, c'est pratiquer les sciences de la vie avec des attitudes respectueuse de l'éthique sociétale. Dans cette optique, le progrès et la Tradition doivent être les deux mamelles qui nourrissent l'entendement et l'éthique tout en fortifiant la raison d'être vivant, joyeux et constructif dans le grand chantier de la construction du Temple universel.

Être responsable, c'est respecter tous les serments pris lors d'un rituel maçonnique puisqu'ils sont les garants d'une sincérité voulue et acceptée par chaque Maçon au service d'un développement harmonieux de la société, mais aussi de la fraternité maçonnique dont la qualité de l'égrégore dépend de la justesse des actions dans le monde profane et dans les Loges.

L'évolution des mœurs et la disparition des balises morales judéo-chrétienne libèrent de nouveaux espaces de liberté et activent en quelque sorte la vitalité des liens sociaux.

C'est une nouvelle chance pour chaque Maçon d'enrichir encore plus par son engagement dans le monde profane les liens entre les hommes afin que les inévitables tensions générées par cette société en pleine mutation se résolvent au mieux des générations futures.

Il ne faut point que les enfants et petits-enfants se sentent abandonner sur l'autel d'une raison raisonnante et discriminatoire. Demain, c'est déjà aujourd'hui, alors il faut gagner du temps et enrichir sans tarder les valeurs maçonniques pour que naisse par tous les hommes de bonne volonté une société généreuse, respectueuse de la nature et finalement digne d'être vécue.

Quelle société voulons-nous ?

« La démocratie, c'est le gouvernement du peuple, par le peuple, pour le peuple », Abraham Lincoln

En ce début de XXIe siècle, la globalisation des échanges commerciaux et des systèmes d'informations a profondément modifié les équilibres socio-économiques des pays occidentaux et de la Suisse en particulier. Cela pose-t-il un vrai défi à la gouvernance du Conseil fédéral et aux types d'évolution politique d'une société démocratique actuelle ?

Depuis l'instauration de la constitution fédérale de 1848 la Suisse vit dans une relative paix politique et son régime démocratique reste en parfaite adéquation avec la Déclaration Universelle des Droits de l'Homme qui stipule dans son article 21 (3) que :

« La volonté du peuple est le fondement de l'autorité des pouvoirs publics ; cette volonté doit s'exprimer par des élections honnêtes qui doivent avoir lieu périodiquement, au suffrage universel égal et au vote secret ou suivant une procédure équivalente assurant la liberté du vote ».

D'autre part, le conseil fédéral a toujours su s'adapter aux réalités sociétales de la Suisse si diverse dans leurs natures, ainsi qu'aux nouveaux paradigmes du capitalisme financier et sans toucher aux droits fondamentaux, telle la liberté d'opinion et de réunion, l'indépendance de la presse et de la justice.

Pourra-t-il encore longtemps s'adapter aux profondes mutations économiques et écologiques à venir sans réformer ses structures institutionnelles et par la même changer la mature de la société démocratique ?

Pour essayer de caractériser et de définir cette nouvelle société en devenir, il faut tout d'abord s'intéresser aux potentialités d'adaptation de l'Homme dans une démocratie politique directe, ainsi que de l'évolution des valeurs démocratiques du citoyen de base, dans un pays moins riche, où le manque des besoins fondamentaux pourrait générer des inégalités sociales et salariales.

Face à un devenir incertain, il est important de rappeler les valeurs de la démocratie telles qu'elles ont été introduites par Jean-Jacques Rousseau, le philosophe des libertés qui affirme que : :

« Le citoyen est un être éminemment politique qui exprime non pas son intérêt individuel, mais l'intérêt général qui ne se résume pas à la somme des volontés particulières, mais la dépasse », mais aussi par Montesquieu, Robespierre et Saint-Just parce qu'ils ont placé au centre du système démocratique les vertus morales telles que la tolérance et la charité ainsi que les vertus cardinales et intellectuelles que sont respectivement le courage, la prudence, la tempérance et l'intelligence.

L'ensemble de ces vertus n'est pas étranger à la Maçonnerie, puisqu'on les retrouve dans les rituels maçonniques et qu'ils participent à l'édification d'une personnalité initiatique maçonnique. Il est donc aisé d'affirmer que le contenu démocratique procède de la démarche initiatique.

Une volonté commune de gouverner ensemble

Alexis de Tocqueville, ce grand érudit de la société moderne, avait parfaitement reconnu la démocratie comme un procédé inséparable d'un principe initiatique personnel, qui renvoie à l'intuition démocratique[83].

Une telle démarche présuppose bien sûr qu'il existe une unité de la pensée démocratique en quelque sorte inscrite dans le subconscient du citoyen qui permet d'appréhender la démocratie à la fois dans sa partie visible et métaphysique.

C'est donc par l'acceptation d'un principe évolutif et structurant de l'égalité des conditions, associé à une destinée humaine, que le citoyen peut

---

[83] . Alexis de Tocqueville, De la démocratie en Amérique, vol I, « Introduction », p. 14.

affronter les contradictions permanentes de la vie démocratique.

En vivant cette unité par la raison du cœur et avec une vision utilitariste il est à même de ne pas se décourager devant les crises naturelles et par conséquent de faire taire l'histoire qui dit qu'après la révolution vient toujours la terreur et la tyrannie.

C'est encore une fois avec Tocqueville que l'on trouve une porte de sortie respectueuse de la réalité démocratique, puisqu'il préfère parler d'« intérêt bien entendu » plutôt que de vertu.

La défense de la vertu mène naturellement à la guerre tandis que la pratique d'une « doctrine peu haute, mais claire et sure » qui « ne cherche pas atteindre de grands objets ; mais qui atteint sans trop d'effort tous ceux auxquels elle vise… » mène à une coexistence pacifique et consensuelle d'une communauté, bien sûr, rarement éblouissante, mais toujours respectueuse des intérêts de tous.

Ces principes de Tocqueville confirment que ce qui est important n'est point dans l'affirmation péremptoire d'une certitude dogmatique, aussi vertueuse soit-elle ? Mais qu'il souhaite la poursuite de la continuation du processus démocratique, avec sa capacité de transmission des valeurs dans l'intérêt de tous.

« Connaître, craindre et espérer » sont les mots qu'utilise le philosophe pour donner du sens au processus initiatique et aussi pour mettre en évidence que les principes démocratiques peuvent se renverser en leur contraire et conduire au paradoxe.

Liberté et esclavage ne sont pas éloignés, d'où l'extrême prudence qu'il faut voir dans la sublimation du mot liberté [84] , puisqu'elle n'est jamais donnée et reste à conquérir tout au long de sa vie.

La démocratie est par nature un processus historique, elle est donc naturellement en crise perpétuelle. La Maçonnerie qui est un laboratoire du contenu démocratique ne participe pas du processus historique, puisqu'elle défend une méthode initiatique basée sur la Tradition.

Elle est donc génératrice d'un contenu politique qui organise une manière d'être, de penser et de se comporter. Elle prépare donc à la citoyenneté non

---

[84] . Liberté
Sur mes cahiers d'écolier
Sur les pages lues
Sur toutes les pages blanches
Pierre sang papier ou cendre
J'écris ton nom.
(…)

Sur mon pupitre et les arbres
Sur le sable de neige
J'écris ton nom.
(…)
Sur les pages lues
Sur toutes les pages blanches
Pierre sang papier ou cendre
J'écris ton nom.
(…)
Et par le pouvoir d'un mot
Je recommence ma vie
Je suis né pour te connaître
Pour te nommer.
Liberté.

Paul Eluard in Poésie et Vérité – 1942

pas dans la passivité, mais pour gouverner. Elle pratique l'Art royal non pas par l'exaltation des vertus aristocratiques de l'Ancien Régime, mais par celles de la démocratie respectueuse à la fois des diversités et des caractères et dans le respect absolu d'une règle qui, comme l'affirme Kant, transcende toutes les différences et devient universelle.

Le centre de l'union est donc la règle. Elle n'est point un dogme, mais exprime une volonté commune de gouverner ensemble afin de rassembler ce qui est épars.

Confiance dans le processus démocratique

En période de crise de la démocratie, chacun peut se demander si l'accomplissement de l'Homme ne se retrouve pas dans ses contradictions et son manque de confiance dans l'avenir du genre humain. Les contradictions de l'enchantement de l'idéal démocratique procèdent des fractures de monde social et politique. Mais aussi des questions de religion et de liberté peuvent faire douter du bien-fondé démocratique.

Une réponse positive est à trouver dans les pays anglo-saxons où la métaphysique du bien vivre ensemble démocratique résulte d'un pragmatisme utilitariste issu du XIXe siècle initié par Jérémy Bentham.

C'est grâce à ce processus que la religion ne fut pas combattue et participa en quelque sorte au maintien des institutions démocratiques. Ce fut aussi une tentative de traduire rationnellement le commandement « Aime ton prochain comme toi-même » et de donner une définition rationnelle de l'altruisme, ciment de la construction de l'État moderne et égalitaire[85].

En France et en Suisse, la liberté dans la démocratie est née du combat contre les religions. Elle a donné naissance à la laïcité, qui autorise toutes les religions et les croyances dans la mesure du droit. Mais a amoindri considérablement la foi publique dans les institutions démocratiques. Ce déficit de métaphysique est la principale cause de l'affaiblissement et de la confiance dans le processus démocratique.

Altérité et respect mutuel

Heureusement en Suisse, Jonas Furrer membre de la Loge Akazia, de Winterthur, Grand Orateur de la Grande Loge suisse Alpina en 1844 puis, quatre années plus tard premier président de la Confédération helvétique a participé à la rédaction de la Constitution fédérale de 1848.

Dans le préambule de la Constitution[86] se trouve toute la quintessence de l'esprit de Tocqueville et

---

[85] . L'altruisme et la Morale, Francesco Alberoni, Salvatore Veca, p. 63, Édit. Ramsay – 1990.

[86] . Au nom de Dieu Tout-Puissant !
Le peuple et les cantons suisses,

des valeurs maçonniques. Le Frère Jonas Furrer avait parfaitement compris que la foi démocratique doit être vivifiée ad vitam æternam dans la constitution fédérale afin de pallier les crises inévitables du processus historique démocratique.

On trouve également trois phrases d'inspiration maçonnique qui sont les suivantes :

« Au nom de Dieu Tout-Puissant » qui rappelle l'importance du G.A.D.L.U. et de la composante métaphysique de la démocratie.

« Déterminés à vivre ensemble leurs diversités dans le respect de l'autre et l'équité » qui enjoint les citoyens à vivre comme des initiés

« Sachant que seul est libre qui use de sa liberté et que la force de la communauté se mesure au bien-être du plus faible de ses membres » qui propose de vivre ensemble selon les préceptes de la chaîne d'union.

Enfin, pour couronner le tout, le Conseil Fédéral est formé de sept conseillers fédéraux, ce qui le relie analogiquement à une Loge maçonnique juste et parfaite.

Les citoyens suisses sont des privilégiés, puisqu'ils n'ont pas à se poser la question suivante :

Conscients de leur responsabilité envers la Création,
Résolus à renouveler leur alliance pour renforcer la liberté, la démocratie, l'indépendance et la paix dans un esprit de solidarité et d'ouverture au monde,
Déterminés à vivre ensemble leurs diversités dans le respect de l'autre et l'équité,
Conscients des acquis communs et de leur devoir d'assumer leurs responsabilités envers les générations futures,
Sachant que seul est libre qui use de sa liberté et que la force de la communauté se mesure au bien-être du plus faible de ses membres, …

« Quel type de foi est-il possible d'envisager à l'intérieur de la condition démocratique ». Elle leur est connue puisqu'elle se nourrit d'altérité, de respect de l'autre et des diversités ethniques, de dialectiques constructives au service des équilibres sociaux et politiques.

En période de crise la tentation reste très forte de vouloir réformer, mais si la réforme consiste à faire disparaître la démocratie métaphysique cela consiste à vouloir penser la foi sans la religion ou la démarche initiatique sans les rituels, c'est une façon de séculariser l'idéal métaphysique de la démocratie.

Alexis de Tocqueville a mis en garde contre les réformes : « J'ai pensé que beaucoup se chargeraient d'annoncer les biens nouveaux que l'égalité promet aux hommes, mais que peu oseraient signaler de loin les périls dont elle les menace ».

Se connaître et se réaliser

« C'est le cœur qui sent Dieu, et non la raison » Blaise Pascal in Pensées

« Connais-toi toi-même et tu connaîtras l'Univers et les Dieux » tels est la pensée qu'adopta Socrate et qui figure sur le fronton du temple de la pythie de Delphes.

Cette phrase semble pleine de promesses pour le Maçon en quête de spiritualité, car elle lui fait prendre conscience que la connaissance parfaite de soi-même le rend égal à un dieu, c'est-à-dire d'avoir une âme immortelle et d'acquérir la sagesse ici-bas.

De même, elle le conforte sur le bien-fondé d'une quête de sa personnalité au plus près de sa conscience qui lui permettra de connaître ses propres défauts et limites, de développer ses qualités, sa véritable identité et, au fond, sa liberté.

Mais, en ce début de XXIᵉ, qu'en est-il de la perspective de conquérir la sagesse d'un dieu et d'obtenir la vie éternelle en vouant son existence à mieux se connaître ?

Les nouvelles connaissances scientifiques sur le cerveau, notamment les opioïdes (dont on sait qu'ils jouent un rôle important dans la sensation de douleur) pourraient être impliqués dans la cognition religieuse.

Ainsi le spirituel aurait une origine purement chimique, donc matérialiste.

L'esprit serait ramené à la matière[87] ce qui induit qu'il n'y aurait aucune vie après la mort et qu'il s'avèrerait par conséquent inutile de s'embarrasser de notions religieuses pour « gérer » son salut post mortem. Il s'agirait au contraire de vouer toutes ses forces à apprendre à se connaître soi-même, non plus pour enrichir une âme immatérielle et éternelle telle que le propose Saint Augustin[88], mais pour s'adapter au monde hic et nunc et vouer ses énergies à vivre en harmonie avec ses composantes physiques, émotionnelles et mentales.

Il est des chercheurs qui affirment l'opposé, en particulier, Le Dr Persinger [89], quoique son expérimentation scientifique soit contestée partiellement par ses pairs il dit : « Je crois que l'expérience de Dieu est le résultat d'une structure intrinsèque au cerveau, un processus probablement

---

[87] . Inspiré de « Pourquoi Dieu ne disparaîtra jamais ? » Science et vie No. 1055, août 2005.

[88] . Saint Augustin essaie de concilier la tradition platonicienne avec le christianisme : pour lui, l'âme est immatérielle et éternelle

[89] . Michaël Persinger est né à Jacksonville, en Floride et a grandi principalement en Virginie, dans le Maryland et le Wisconsin. Il a étudié au Carroll collège de 1963 à 1964, et est diplômé de l'Université du Wisconsin-Madison en 1967. Il a ensuite obtenu une maîtrise en psychologie physiologique de l'Université du Tennessee et un doctorat de l'Université du Manitoba en 1971.
Source : http://en.wikipedia.org/wiki/Michæl_Persinger

essentiel pour la survie et l'évolution de la race humaine. Je ne serais pas surpris si nous découvrons que Dieu est un trait du cerveau humain et qu'il y a quelque chose d'encore plus puissant, un phénomène encore plus important que le concept de Dieu lui-même. La science sera la clé de sa découverte ».

Les stoïciens du 21ᵉ siècle

Rien ne permet aujourd'hui d'affirmer définitivement que l'esprit est matière ou que Dieu est un trait du cerveau humain.

C'est pourquoi l'Homme semble interrogatif sur les questions métaphysiques et reste bien embarrassé de trouver une vérité universelle et objective concernant la connaissance de soi, et de son rapport aux dieux et à l'univers.

Même si, rationnellement, un tel contenu ne semble pas encore exister, les Maçons pensent qu'il faut aller voir au-delà de la perception pour imaginer quelque chose d'autre, qui n'est pas saisi, mais qui serait peut-être la vérité de ce qu'on perçoit.

En fait, il faut s'interroger sur le mystère de cette relation, afin de rendre perceptible le non-dit, pour mieux s'intéresser à l'Homme en tant que sujet et à ses rapports subjectifs vis-à-vis de sa destinée et de ses interrogations métaphysiques.

Une telle approche par l'ésotérisme paraît, en effet, bien difficile dans nos sociétés occidentales.

Dans celles-ci, l'enjeu consiste à concilier davantage l'utopie, qui est un puissant stimulant, et les contraintes imposées par les réalités de la cité[90]. Les spéculations de l'utopie parient sur l'hypothétique réalisation d'un monde idéal. Mais « les faits sont têtus » et imposent une réunification de toutes les bonnes volontés.

Toutefois, cette conciliation demeure possible si l'idée d'une unité principielle que l'on pourrait appeler Grand Architecte de l'Univers (G.A.D.L.U.) laisse les portes ouvertes à une quête spirituelle.

Une telle démarche autorise-t-elle à vivre sereinement, à l'heure actuelle, une pratique religieuse prise comme finalité de la connaissance de soi dans son sens le plus objectif défini par la pratique d'effort d'intelligibilité s'évanouissant devant les incertitudes de la condition humaine ?

La question reste ouverte à tous, en particulier au Maçon théiste[91] pour qui la foi en Dieu est le plein de la vie, puisqu'illustrée par une connaissance de soi, élargissant le niveau de conscience jusqu'à l'infini et jusqu'à vivre dans un imaginaire se substituant à la réalité et à l'instant présent.

Malheureusement, l'injustice absolue règne partout parmi les hommes et quels que soient les

---

[90] . « Le courage, c'est de comprendre sa propre vie ... Le courage, c'est d'aimer la vie et de regarder la mort d'un regard tranquille ... Le courage, c'est d'aller à l'idéal et de comprendre le réel ». Jean Jaurès.

[91] . Les religions théistes sont l'hindouisme, le judaïsme, le christianisme et l'islam.

systèmes d'organisation de la société. Ainsi, dans la conscience du Maçon affirmant clairement l'ingérence du divin dans les affaires humaines, il existe une tension. Elle est comprise comme une fatalité, dont la fonction est d'affaiblir les utopies qui suivent la loi d'une raison victorieuse. Cette préoccupation renforce définitivement sa relation avec Dieu à travers les dogmes.

Dans une telle disposition d'esprit, comment pourra-t-il devenir l'égal d'un dieu et accéder à la sagesse comme le propose l'inscription sur le temple de la pythie à Delphes ?

Comment fera-t-il pour vivre dans l'intimité d'une conscience libérée et nourrie d'une connaissance de soi-même, libre et ouverte à toutes les évolutions spirituelles in potentia ?

Le mystère des causes premières

La réponse pourrait être trouvée avec les Maçons libre-penseur et déistes[92] qui s'affranchissent de la foi religieuse et qui n'ont que la Raison pour construire une connaissance de soi intimement liée à un savoir soumis à la nécessité de lucidité et d'objectivité.

---

[92] . Le déisme est une position philosophique dont Voltaire et Rousseau se sont réclamés. Le déiste croit en l'existence d'une divinité, mais cela indépendamment de tout dogme ou religion révélée. Le déisme est une croyance individuelle ; le déiste est directement en connexion avec Dieu, par le biais de la prière, notamment.

Privés du champ de l'imaginaire créatif et des dogmes religieux, ils forgent leurs convictions dans un réseau de faits et de certitudes qui magnifie l'instant présent. Ils sont les stoïciens du XXIᵉ siècle, sans être malgré tout à l'abri d'une connaissance de soi exposée au préjugé, à l'illusion de la vérité, aux fausses naïvetés, ainsi qu'aux pièges des évidences inexactes.

Comme Spinoza, « ils ont conscience de leurs actes, mais ils ignorent les causes qui les déterminent, car seule la connaissance rationnelle peut déraciner les préjugés en permettant une connaissance adéquate ».

D'autre part, ils sont conscients que l'objectivité et la vérité d'une connaissance sont des conquêtes et non des données immédiates. Ainsi pour rester cohérents vis-à-vis du mystère des causes, doivent-ils s'ouvrir à une connaissance de soi qui s'appuie sur un rapport imaginaire à eux-mêmes dans lequel toutes les postures d'évolution transcendantales sont possibles ?

Ils auront tout loisir de pratiquer les philosophies orientales et les attitudes psychologiques épanouissant la métaphysique intérieure en fortifiant la conscience de soi basée sur la connaissance de soi et par une culture du doute et une quête sans fin pour transcender la banalité de leur condition et donner du sens à la vie en dehors de tout remerciement aux Dieux et à l'Univers.

L'extase métaphysique pourrait être l'union d'un imaginaire poétique construit et enrichi avec la Raison après initiation.

En conclusion, la connaissance authentique de soi-même reste la clé qui permet à tous les Maçons quel que soient leurs parcours religieux ou leurs cultures philosophiques d'accéder à une surconscience imposée (théisme), ou à conquérir (déisme et libre-pensée) qui leur permet de vivre par les rituels le mystère des causes premières tout en pratiquant une fraternité active.

Il est bien entendu que la croyance au G.A.D.L.U. ou à toutes autres formes d'énergies transcendantales favorise l'émergence et l'exaltation d'un imaginaire susceptible d'élever le niveau de conscience spirituel et, par là même d'aimer avec sagesse la vie dans toutes ses manifestations et spécialement le genre humain.

Comment gérer sa vie

« Il y a quantité de chemins pour conduire au bonheur, mais il n'en est point qui y mène à coup sûr », Sigmund Freud in Malaise dans la civilisation

Tous par chacun et chacun par tous

Pour la majorité des gens du monde occidental, la manière de gérer sa vie va de soi et ne pose pas de problèmes spécifiques, car, comme dirait Monsieur de La Palice, être vivant c'est accepter une reconnaissance gestionnaire harmonieuse de ses composantes physiques, émotionnelles et métaphysiques en relation avec l'activité professionnelle, la famille et la société au sens large du terme.

Mais qu'en est-il pour le Maçon, dont la mission principale est d'aller au-delà de la gestion, afin de donner du sens à sa vie, dans le but de construire le Temple universel ?

Il existe, certes, une nombreuse littérature maçonnique, philosophique et psychologique, traitant de cette question avec beaucoup de pertinence.

Il y a pour les moins deux interrogations particulières qui semblent essentielles. La première est de constater qu'il y a une nécessité viscérale de connaître et comprendre les relations causales avec un principe créateur extérieur (Grand Architecte, Dieu, Jésus, Allah, etc.) organisateur de la morale et du salut post mortem.

Une autre singularité est le rôle de la Raison, en tant que faculté suprême de l'Homme, dans la production de connaissances et sa capacité à forger des actions pour définir un chemin de vie personnel.

Ainsi pourra-t-il vivre le bonheur d'être bien dans son for intérieur et joyeux de vivre avec ses semblables tout en s'adaptant au sein d'une société en perpétuelles mutations technologiques et sociologiques.

Jean-Jacques Rousseau considère que « l'Homme naît bon. C'est la société qui le transforme ». Il s'oppose, sur ce point, au philosophe Thomas Hobbes. Plutôt que d'envisager d'emblée que l'Homme est méchant, il essaie d'expliquer la méchanceté par des causes extérieures à sa nature. Paradoxe ou vérité ?

Peut-on vraiment gérer sa vie en ayant comme seul but d'être heureux et, dans le même temps, rester insensible aux vices et vertus que la société génère par l'action humaine ?

Est-ce l'Homme qui pose problème ou le système organisationnel qu'il met en œuvre pour vivre en société ?

Voilà beaucoup d'interrogations et de dilemmes auxquels tout individu est confronté, face à la gestion de sa vie.

Y répondra-t-il par la Foi ou la Raison ou par un subtil dosage de l'un et de l'autre ?

Le choix est cornélien et toute la question est de savoir s'il trouvera in fine du sens à sa propre mort, en vérité la seule question existentielle qui compte.

La deuxième interrogation consiste à se demander si la vie a un sens et mérite d'être vécue.

Est-ce que chaque homme, à l'instar de Sisyphe, doit accepter d'être condamné à pousser un rocher au sommet d'une montagne pour le voir ensuite dévaler la pente et recommencer indéfiniment l'opération ? Reste à savoir si le rocher est le symbole de l'absurdité, de l'effort vain ce qui impliquerait qu'il faut en toute lucidité faire ce qui est absurde.

Pourquoi doit-il accepter l'effort inutile sinon pour vaincre son destin et être plus fort que la fatalité représentée par le rocher[93] ?

Tel est, semble-t-il, la quintessence philosophique de l'existence qui consiste à transgresser l'absurde, afin que chacun se sente le maillon d'une chaîne universelle et non plus le jouet d'un destin éphémère, dont il serait impuissant à modifier le parcours.

Il s'agit dès lors de savoir comment gérer sa vie par le héros qui sommeille en son for intérieur et qui est prêt à se révéler pour emmener tout par chacun sur les chemins de la lucidité et de la lumière.

---

[93] . Dans son « Mythe de Sisyphe », Albert Camus conclut, comme l'on sait « qu'il faut imaginer Sisyphe heureux ».

Expérience personnelle et collective

Aujourd'hui, la conscience est suffisamment incarnée dans l'Homme pour que la loi d'individuation prenne la relève de l'espèce et laisse naître le nouvel homme, cet initié des temps modernes. En conséquence, l'individu sait qu'il sera toujours seul face à la souffrance et la mort.

Il existe un combat permanent dans l'Homme entre l'état d'éveil qui se rapporte à l'être et l'état de non-éveil propre à l'égo qui se rapporte à l'avoir. Il reste à savoir comment gérer de telles contradictions sans tomber dans la schizophrénie et pourquoi l'Homme construit-il des systèmes sociétaux où l'avoir prime le plus souvent l'être ?

Existerait-il un destin humain qui échapperait à la Raison ? L'Homme est-il un aveugle qui voyage joyeusement sans canne dans l'innocence de sa dualité ?

Finalement n'est-il pas à la recherche d'un paradis qui n'existe que dans les contes de fées ?

Le problème posé et les paradoxes connus, comment gérer sa vie, sinon pour obtenir un bonheur individuel fait de joies simples ? Celles-ci sont issues de son propre pouvoir créateur et de sa libre disposition à décider en toute conscience de ce qui est juste pour lui et, par extension, pour la société.

En partant du postulat que le bonheur est d'abord le but poursuivi par tout un chacun, il y a cependant une autre fin que les hommes poursuivent : le bien moral. Certains se battent pour la justice, se dévouent à de nobles causes en sacrifiant éventuellement leur bonheur.

L'Homme se trouve donc en face de deux fins possibles pour son existence, le bien et le bonheur, qui ne coïncident pas toujours.

Qu'en est-il du Maçon ? On peut considérer le bien moral comme la pierre angulaire de son œuvre et qu'il est prêt, par fidélité à ses serments, à sacrifier son bonheur au profit de ses Frères et de la Maçonnerie en général. Il lui est par conséquent possible de gérer sa vie grâce à une bonne gestion des arcanes de son initiation.

La situation semble évidente en théorie, mais que se passe-t-il en réalité face à la complexité de ce monde ? Sauf à croire à la théorie créationniste, on doit constater l'absence d'objectif inhérent à l'univers, qui puisse être compris ou prouvé par une explication rationnelle.

Chacun peut constater que tout ce qui existe sur terre et tout ce qui y vit n'ont aucun but avéré, sauf pour l'Homme qui comprend qu'il est isolé et unique en nature, capable de discernement et doté du libre arbitre, donc à même d'effectuer des choix.

L'expérience humaine est dans ce contexte le dénominateur commun donnant du sens au « comment gérer sa vie », en termes d'évolution et de compréhension de celle-ci.

Selon le philosophe américain W. V.O. Quine, cette expérience est tributaire de la signification des mots utilisés et pourrait être contredite par d'autres expériences avec comme conséquence que toute vérité ou affirmation formulée n'est pas immunisée contre une révision future.

Quine a écrit : « Être c'est être la valeur d'une variable », d'où l'importance de la valeur de l'expérience personnelle et collective comme base de réflexion universelle, devant les très nombreux défis que l'Homme se posera à lui-même, face aux propositions d'une science qui l'amèneront à reconsidérer les fondements épistémologiques des rationalistes et des empiristes.

Notre bien le plus précieux

Ainsi, tout peut-il être révisé, y compris ce qui fonde la pensée analytique et synthétique. La liberté restera ce bien le plus précieux, car elle permet, lorsqu'il n'y a plus rien, de recommencer sur des bases nouvelles.

Dans ce contexte, le procédé initiatique prôné par la Maçonnerie, qui permet de combattre l'égo et de pratiquer le renoncement volontaire à toute emprise de celui-ci sur le destin, paraît être particulièrement approprié, puisque le but de cette méthode est in fine la dissolution de l'égo.

Au terme du processus initiatique, le Maçon retrouvera sa totale liberté de conscience, son altérité et sa disposition à vivre en dignité avec ses semblables ainsi que sa capacité à se remettre en question et à s'affranchir des vérités inutiles. Il aura la lucidité de s'adapter aux extraordinaires nouveaux défis de la génomique, des nanotechnologies et des neurosciences.

Cette méthode place aussi la Raison comme force autorisant l'émergence d'une élévation de la conscience. En effet, le choc émotionnel issu de l'initiation révèle par ailleurs que l'action de mourir et de renaître, qui trouve ses fondements dans les archétypes mythiques, fait du Maçon un être qui évolue en conscience par la Raison, nourrie et enrichie de son expérience initiatique. Par ses actions, il est également un être universel et unique, puisqu'il est en mesure de nommer les choses et apte à se projeter dans le futur tout en se référant à la tradition.

Il sera d'autre part conscient de la fragilité de la vie et entreprendra toute démarche utile en vue de la préserver et la respecter surtout face aux dérives des laboratoires peu scrupuleux qui pourraient créer d'autres espèces par la manipulation génétique.

De même, il sera présent pour créer des systèmes politiques dont la finalité est l'organisation d'un monde dans lequel il y aura encore plus d'amour et de justice afin que, « tous par chacun et chacun par tous », puissent se reconnaître comme les héros de leur vie afin que les nouvelles générations n'oublient jamais que l'amour est le ciment de toute organisation humaine.

Le travail en Loge

« Il en va toujours de même : chacun ne travaille que pour soi. », Sophocle

Chaque Loge maçonnique doit renouveler son Vénérable Maître et son collège des officiers avec une périodicité définie par les statuts.

Cette coutume, inspirée des antiques traditions de la Maçonnerie, marque le désir de régénération et le besoin de perpétuer dans une dynamique cyclique toutes les vertus qui fondent la Sagesse, la Force et la Beauté.

Cette nécessité de régénération est la base de l'aventure maçonnique. En effet, pour ne point rester figé dans la contemplation d'œuvres toutes aussi pertinentes les unes que les autres, mais forgées dans le passé, les Maçons doivent explorer de nouveaux territoires sociaux, philosophique, anthropologique et philologique.

Cet ouvrage grandiose demeure paradoxal puisqu'il se fait simultanément dans une logique initiatique, par essence introvertie, coupler avec une démarche extravertie et volontariste qui épouse la réalité du monde tel qu'il est.

Ce comportement spécifiquement contrasté qui consiste à sortir de soi, enrichi des vertus initiatiques, pour conquérir les arcanes sociétaux d'aujourd'hui fait partie intégrante de la démarche maçonnique. Ainsi, le travail en Loge se situe à la frontière de deux espaces, l'un issu de l'introspection psychologique et mystique et l'autre de l'analyse involutive de la société.

Féconder par la Raison le maçon travaillera toutes les forces complémentaires et antagonistes de la condition humaine puis les sublimera par les vertus issues de la fraternité et de la tolérance.

De cette manière, il utilisera avec bonheur et sans acrimonie les plans sublimes du G.A.D.L.U. qu'il identifiera non plus comme des asservissements, mais comme de nouvelles libertés « in potentia » à conquérir en mariant harmonieusement chaque fois qu'il est possible la science et la culture.

Une Loge symbolise le chantier où travaillent les Maçons. Il ne saurait être organisé sans une cohérence hiérarchique dont le collège des officiers représente l'organe de commandement. Son action en dehors du travail initiatique sera essentiellement pour humaniser les instincts en l'occurrence transformer l'instinct territorial en patriotisme ouvert, l'instinct hiérarchique en démocratie et la sexualité en amour.

Le travail en Loge semble totalement voué à ces trois transformations. Dans cette optique, l'activité du collège des officiers apparaît comme primordiale comme celui de la chambre du Milieu. Il inspire par des actions spécifiques et appropriées toutes les démarches maçonniques des Apprentis et

Compagnons afin que ceux-ci puissent entrer dans la chambre du milieu en pleine connaissance de cause avec des outils reconnus et parfaitement maîtrisés.

De même, l'exemplarité, le respect des lois et le travail incessant sur l'amélioration qualitative des relations sociales sont le crédo du Maître. Sans ces comportements, la Loge n'est plus qu'un lieu associatif, vidé de son contenu initiatique. Il faut s'assurer que l'esprit des illustres ancêtres perdure en chaque Maçon de manière à ce que les générations suivantes puissent bénéficier d'une transmission aussi fidèle que possible des fondamentaux de la Maçonnerie.

La société en ce début du troisième millénaire vit une mutation importante. L'esprit des lumières est aujourd'hui contrarié par celui des anti lumières. En effet, la raison qui a permis de distinguer ce qui est bon pour l'Homme de ce qui l'asservit n'est plus la panacée. Le retour en force des fondamentalismes religieux et des dogmatismes économiques laisse présager un avenir incertain.

Une telle situation ne laisse pas le Maçon indifférent et surtout l'engage à encore plus travailler sur lui-même, afin d'affirmer ses convictions pour être vrai, utile, joyeux et engagé dans la famille, la société civile, les milieux associatifs et politiques et surtout dans sa Loge, espace magique et laboratoire d'idées qui lui permettra à la fois de prendre de la hauteur vis-à-vis de ses doutes existentiels, mais aussi d'expérimenter par une dialectique forte toutes les contradictions issues de la diversité humaine.

Le doute ontologique instillé dans la conscience apparaît comme une force s'il s'exprime selon les traditions maçonniques puisqu'il permet de dépasser la névrose provoquée par l'insuffisance d'être pleinement présent, mais sans un travail de cette nature, l'Homme reste asservi aux lois sécuritaires, aux dogmes de toutes sortes et surtout développe une attitude psychorigide qui contrarie son développement spirituel.

Tout paraît fait dans la Loge maçonnique pour empêcher cette évolution, cette négation de l'être. La liberté, par la responsabilisation de soi reste le bijou que reçoit le Maçon par son labeur incessant. Il pourra ainsi vivre dans la lumière cette partie de lui-même qu'il redécouvre en vérité et en pleine conscience.

Au-delà des luttes et contradictions de la politique, des transformations incessantes dues au progrès technoscientifique et de la complexité toujours plus prégnante dans la société humaine, il reste la Loge, espace immuable et sacré où l'invariance prime l'éphémère. Elle représente le lien indicible et mystérieux analogiquement relié à la conscience de soi qui, contre toute attente, et malgré la sécularisation effrénée de la civilisation occidentale, demeure avide d'espérance métaphysique et de transcendance. Elle se veut la dépositaire de l'essentiel et du sens de la vie, des voyages métaphysiques, et de l'alchimie des mots.

Elle représente la source d'où jaillit la lumière de l'esprit qui éclaire sans aveugler, inspire et fortifie la volonté. Elle signifie enfin la clé qui ouvre toutes les portes qui mènent à l'amour de l'humanité, à cet humanisme issu des lumières sur lequel a été construit tout l'édifice de la Maçonnerie.

Tels sont les arcanes et le miracle d'une Loge maçonnique qui fondent le sens de la vie dans l'intérêt supérieur de la vie. Travailler en Loge dans cette optique consiste à respecter l'essence de la nature humaine et les lois qui régissent l'harmonie dans la société civile, mais aussi de développer une attitude spécifique où la lucidité, l'enthousiasme et le sens du travail bien fait qualifieront le Maçon dans la société profane.

Liberté de conscience et Maçonnerie

« Fais ce que dois, advienne que pourra », Proverbe

Introduction

Sur le site Internet « Laïcité à l'usage des éducateurs », on trouve la définition de la liberté de conscience suivante : « La liberté de conscience se définit comme étant le droit — pour tout individu — de choisir les valeurs, les principes, les idées qui gouverneront sa vie.

La liberté de conscience est le plus souvent associée à la possibilité du libre choix d'une religion.

Mais depuis le XVIIIe siècle, elle impliquer un assortiment beaucoup plus large. Elle inclut en effet la possibilité de choix de philosophies ou de morales non transcendantes qui ne se réfèrent à aucune puissance surnaturelle comme, par exemple l'athéisme, l'agnosticisme, le rationalisme... ou encore le positivisme ou le scientisme du XIXe siècle[94] ».

---

[94] . « La laïcité à l'usage des éducateurs ».

Cette définition est bien adaptée au thème de ce travail, de même que les écrits de J-R Ragache[95] qui a développé une exégèse spécifique en relation avec le R.E.A.A. et ceux proposés dans le livre « Éloge de l'Acacia[96] ».

Liberté

Le terme de liberté se retrouve dans les Constitutions de diverses obédiences [97]. Il est souvent exprimé dans les rituels maçonniques sous la forme d'une maxime : « Ne fais pas à autrui ce que tu ne voudrais pas qu'il te fût fait » et représente la barrière que la morale dresse contre l'égoïsme et contre ceux qui utilisent la liberté pour piétiner celle des autres.

Cette liberté apparaît en Franc-maçonnerie dans sa plénitude lors des cérémonies d'initiation et à chaque passage de grade.

Le but avoué de l'initiation consiste à ce que l'impétrant puisse prendre des décisions en pleine conscience et qu'il puisse entrevoir l'influence des

---

Source : http://www.laicite-educateurs.org/article.php3?id_article=219

[95]. Membre du Suprême Conseil du R.E.A.A. du GODF

[96]. Éloge de l'Acacia, André Moser p. 77-96, chroniques « Liberté, un art ou un concept ? » Édit. DDS Genève, 2012

[97]. Dictionnaire de la Maçonnerie, Daniel Ligou, p. 722, Édition PUF, 1987

traditions et de la vie religieuse sur sa propre liberté et celle des autres.

La notion de liberté contient en son germe une puissance d'évocation phénoménale attendu qu'elle est souvent comprise comme la finalité absolue d'un concept.

Dans cette condition, elle n'existe que pour celui qui crée le concept.

Le drame de l'humanité est que trop souvent l'idéaliste veut imposer à tous et généralement sous la forme d'un dogme absolu son modèle de liberté, qui n'est qu'une vision personnelle d'une idée construite par son intelligence.

La notion de liberté varie d'un régime politique à l'autre. De même, la société est traversée par de multiples courants philosophiques et religieux.

De quelles façons interfèrent-ils dans la liberté ?

Aujourd'hui, la société occidentale s'est affranchie des dogmes de toutes natures. Elle se conçoit comme laïque et immanente et non plus religieuse et transcendante. Ainsi chacun a l'impression de pouvoir faire un choix selon ses convictions, car les partis politiques, associations et religions ne sont plus structurants du choix.

On vit dans un système ouvert et dans un historisme éthique généralisé qui interpelle essentiellement l'environnement.

Dans ce monde globalisé aux frontières mal définies, la liberté de conscience est-elle toujours garantie ?

Tocqueville en avait déjà une certaine lucidité puisqu'il a écrit en dans la Démocratie en Amérique :

« Lorsque je songe aux petites passions des hommes de nos jours, à la mollesse de leurs mœurs, à l'étendue de leurs lumières, à la pureté de leur religion, à la douceur de leur morale, à leurs habitudes laborieuses et rangées, à la retenue qu'ils conservent presque tous dans le vice comme dans la vertu, je ne crains pas qu'ils rencontrent dans leurs chefs des tyrans, mais plutôt des tuteurs. Je pense donc que l'espèce d'oppression dont les peuples démocratiques sont menacés ne ressemblera à rien de ce qui l'a précédée dans le monde ; nos contemporains ne sauraient en trouver l'image dans leurs souvenirs... La sujétion dans les petites affaires se manifeste tous les jours et se fait sentir indistinctement à tous les citoyens. Elle ne les désespère point ; mais elle les contrarie sans cesse et elle les porte à renoncer à l'usage de leur volonté. Elle éteint peu à peu leur esprit et énerve leur âme, tandis que l'obéissance, qui n'est due que dans un petit nombre de circonstances très graves, mais très rares, ne montre la servitude que de loin en loin et ne la fait peser que sur certains hommes. En vain chargerez-vous ces mêmes citoyens, que vous avez rendus si dépendants du pouvoir central, de choisir de temps à autre les représentants de ce pouvoir ; cet usage si important, mais si court et si rare, de leur libre arbitre, n'empêchera pas qu'ils ne perdent peu à peu la faculté de penser, de sentir et d'agir par eux-mêmes, et qu'ils ne tombent ainsi graduellement au-dessous du niveau de l'humanité ».

Cet extrait est prémonitoire puisqu'il annonce un système de confusion démocratique et la naissance de médias audiovisuels tout puissants dans la vie démocratique en tant que quatrième pouvoir[98].

On note que la Maçonnerie exprime d'une façon générale la liberté de conscience, sauf au Grand Orient de France qui affirme la liberté absolue de conscience ce qui la dédouane des tenants de la laïcité pure et dure, mais aussi du catholicisme qui affirme que les religions doivent être enseignées « en toute liberté de conscience c'est-à-dire dans la vérité de la foi catholique ».

On ne peut que rendre hommage aux concepteurs de la Maçonnerie puisqu'ils ont su éviter l'amalgame du Savoir absolu que défend le philosophe Hegel[99], compris en Maçonnerie comme l'idéal qu'il faut atteindre pour être libre, avec le G.A.D.L.U. et déjouer ainsi une parentalité aliénante qui pourrait inhiber toute progression de l'altruisme par les valeurs de progrès. En soi, si la liberté de l'Homme est un absolu, aussi est-il inutile d'ajouter l'adjectif absolu au vocable liberté.

---

[98] . Les trois pouvoirs dans une démocratie sont : pouvoir exécutif, pouvoir législatif et pouvoir judiciaire

[99] . Selon Hegel le Savoir absolu succède dans la phénoménologie à la religion et se comprend comme négation de l'être-étranger, de la projection dans un Dieu du sujet. L'idéalisme absolu de Hegel prétend que tout ce qui existe est absolument lié à une idée absolue, à l'esprit ou à l'âme.

La conscience

Que signifie la conscience : c'est la connaissance et l'organisation mentale de l'être humain, mais aussi l'ordonnance relationnelle qu'utilise l'Homme avec le monde et qui lui fait prendre conscience de quelque chose ou de quelqu'un au moyen d'idées, de représentations, de sentiments, de souvenirs et de perceptions.

Ce qui est conflictuel pour les Maçons est que la conscience du réel à un moment donné mêle le passé et le présent et l'idée d'un devenir.

Ainsi, le monde s'identifie par un passé, une histoire personnelle et un Temple universel idéal à construire, dans un environnement où existe une profonde indétermination vis-à-vis de la nature, mais non pas par rapport à l'histoire que les Maçons doivent construire.

La liberté est absolue vis-à-vis de cette indétermination puisque les Maçons peuvent la comprendre et la vivre selon une conscience initiatique renouvelée à chaque grade.

Si on y ajoute le subconscient, à savoir, cet état psychique dont on n'a pas conscience, mais qui influe sur le comportement[100], que devient cette

---

[100] . Subconscient cher à Sigmund Freud dont le postulat repose ainsi sur une interaction entre la conscience et l'inconscient. Pour simplifier, le sujet est soumis à un désir inconscient, lequel se frotte à la conscience dans une lutte entre le surmoi et le moi. De cet affrontement, ce qui est permis devient conscient, et ce qui est interdit se maintient dans l'inconscient, pour donner lieu à un refoulement.

liberté ? N'est-elle pas déjà entachée sans que personne ne le sache ?

À ce stade de l'analyse, il a deux thèses : la première qui affirme la prépondérance de l'inconscient et la deuxième, la primauté absolue de l'être conscient.

La Maçonnerie affirme la suprématie absolue de l'être conscient tout en donnant à chaque initiation des outils symboliques obéissant à des lois de correspondances et d'analogie qui ne peuvent être gérés que dans l'inconscient. En fait, dans un lieu où fermentent les idées architecturales de l'irrationnel et où naît l'intuition qui cherche à enrichir et à affiner afin de poser un diagnostic personnel sur le sens de sa vie et de son rapport aux autres.

La question est de savoir s'il n'existe pas un projet politique inhérent à l'action initiatique de la Maçonnerie puisque l'on sait que derrière la liberté de conscience morale et authentique inhérente à l'institution elle-même se cache une réduction de la conscience individuelle due à la culture maçonnique comme valeur opposée à un monde profane profondément injuste et inégalitaire.

Que deviendrait-elle si le monde du jour au lendemain épousait les valeurs maçonniques ?

Le projet politique est bien là, mais il est impossible à organiser en l'état puisqu'in fine la liberté de conscience est individuelle et donc sans efficacité collective. Ce qui est du sociétal se mesure dans la Maçonnerie à la force et la beauté de l'égrégore et non point à l'analyse de diagrammes sociologiques.

Toutes politiques au sein de la Maçonnerie sont donc vouées à l'échec puisqu'il n'est pas possible d'aliéner la liberté de conscience, au contraire des sectes, dont la finalité, sont l'asservissement des adeptes à un dogme ou une idéologie proposée par le gourou.

L'interrogation qui mérite pourtant d'être soulevée est de savoir dans quelle mesure la liberté de conscience est conditionnée par la collectivité ?

Liberté de conscience

Kant a dit « il faut apprendre à penser par soi-même » est-ce possible ?

Dans l'affirmative, il faudrait avoir une conscience détachée des préjugés, de tout conditionnement, de toute tradition ainsi que des us et coutumes familiaux. De même, elle devrait se démarquer de son environnement social voire même du pouvoir politique.

Peut-on oser espérer qu'il existe une liberté de conscience individuelle, subjective affranchie de l'ensemble des contingences citées ci-dessus ? Où peut-on encore parler sereinement de liberté de conscience ?

L'apparition de la Maçonnerie au XVIIIe siècle a été en soi une profonde évolution puisque son message a cassé l'immobilité qui régnait dans les consciences. En effet, pendant des siècles, pour assurer les aspirations de la Providence, le statisme de la pensée a été privilégié dans la primauté d'une eschatologie des générations humaines ou de celle de la fin des fins voire même de la venue d'un Messie. Toutes les hérésies étaient condamnées[101] ainsi que toutes pensées déviantes. Les bûchers avaient une utilité sociale d'éliminations des fauteurs de trouble dans les esprits. Ce fut la grande époque de la glaciation de la pensée, de la passivité et de la résignation pour le plus grand nombre et la naissance d'un immobilisme créateur de dogmatismes, d'enfermement et d'un cléricalisme qui fut fortement combattu par les Maçons.

L'initiation maçonnique et la liberté de conscience[102]

La Maçonnerie est un ordre initiatique qui a comme fondement la liberté de conscience et qui reste à cet égard une école atypique dans ce monde matérialiste.

Elle donne du sens aux mythes et légendes (donc aux archétypes fondamentaux du subconscient) lors de voyages initiatiques, qui recèlent en potentialité

---

[101] . Celle des cathares fut particulièrement sanglantes (croisade contre les albigeois) et absolues Réf. Éloge de l'Acacia, André Moser p. 47-77 Édit. DDS, Genève – 2012

[102] . Ibidem p. 89-91

toutes les énergies pour vivre une transcendance et donner du sens au concept de liberté de conscience.

Aujourd'hui, les notions de chaos et de créativité sont essentielles pour comprendre et vivre le processus évolutif. Il n'y a pas si longtemps, le chaos engendrait une peur existentielle par la reconnaissance du néant couplé naturellement au hasard. Cette peur existe encore aujourd'hui, mais elle est plus interrogative et donc à même de se transformer dans un processus d'évolution favorisant la paix au lieu de la guerre.

L'Homme n'a pas la conscience spontanée de ce qui est bon ou mauvais. Car il est emprisonné dans un réseau de valeurs où cohabitent des forces dantesques retraçant d'une manière permanente, et souvent confuse, son passé et son devenir, confrontés au présent.

Cela signifie qu'il est nécessaire de clarifier la source d'où partiront les actions, car tout peut être construit dans le respect, ou l'irrespect, des lois qui encadrent les comportements physiologiques et psychiques.

Seule la perception d'une conscience de l'existence d'un Tout indifférencié, omniscient et omnipotent permet en fait d'approcher cette source.

Plusieurs voies permettent d'accéder à cette conscience.

La Maçonnerie propose la démarche initiatique par l'étude de la Gnose. Le Maçon tente de se perfectionner en taillant constamment sa pierre brute pour s'affranchir des servitudes inutiles et acquérir des espaces de liberté qu'il associera harmonieusement avec les notions de responsabilité et du devoir accompli.

La recherche de la Vérité passe par la reconnaissance du couple liberté et responsabilité. En fait, dans sa disposition formelle, le Maçon est imparfait, car totalement asservi aux lois régissant son corps, mais avec la conscience d'une perfectibilité grâce à son esprit.

Il doit résoudre une équation dont il devine que les solutions ne sont que transitoires et éphémères s'il ne pratique pas la démarche initiatique par l'étude de la Gnose qui lui permettra un élargissement du champ de la conscience et lui apportera du sens et une cohérence à tout ce qui pourrait limiter la liberté.

Évoluer n'est donc rien d'autre que retrouver une nouvelle liberté issue de la transcendance des valeurs et notions propre au processus d'évolution.

Tout doit être consommé. En fait, tout doit être vécu afin que chaque tension, chaque fracture de la conscience puissent être le déclencheur d'un nouvel état de conscience élargi et libératoire qui distingue la voie initiatique et dogmatique.

Dans la première, tout est en devenir par sublimation du présent et du passé, tandis que dans la deuxième le présent est enfermé et figé à tout jamais dans une pensée qui définit les comportements du passé et du futur en produisant de la culpabilité.

L'état d'esprit dogmatique n'est plus du tout compatible avec la notion de progrès. C'est la grande nouveauté de ce début de millénaire.

Le processus d'évolution par la voie initiatique est paradoxal puisqu'il nécessite une fracture de la conscience de l'impétrant dans une pensée collective représentée par la Loge, ce qui autorise l'émergence d'une conscience communautaire.

L'évolution de la communauté ne pourra pas se faire sans la modernité ni cette conscience. Aussi ne convient-il pas de noircir ce qui est du ressort du niveau de conscience, mais au contraire l'accepter comme une énergie positive. Nier son génie c'est comme refuser la vie. Il faut au contraire constamment l'adapter et concevoir les arts de l'adaptation par l'établissement d'un véritable code de déontologie pour que naissent les espaces de liberté et la possibilité d'évoluer.

S'adapter ou mourir est les deux vérités de la vie communautaire. Ainsi, le petit enfant est curieux de son environnement à la fois pour mieux s'adapter dans sa famille, puis, dans la communauté des hommes en qualité de citoyen.

De même, le vieil homme qui ne veut pas ou ne peut plus s'adapter parce qu'il ne fait pas confiance à son génie, parce qu'il est devenu à son insu le pur produit d'une attitude de rejet communautaire.

La Maçonnerie

La Maçonnerie a dans le monde un rôle évidemment régénérateur. Elle est à la fois un ordre et une voie de libération qui admettent que l'Homme est perfectible et qu'il a les moyens de s'affranchir en conscience des contingences propres de la vie et de la mort.

Elle est née sous les auspices de la liberté de circulation des idées et des Lumières. Elle est aussi non pas fossilisée dans l'histoire, mais universalisée, c'est-à-dire valable, pour les hommes de tous lieux et de tout temps.

Ses objectifs sont de sortir de l'ignorance, des préjugés et des superstitions et de vous éloigner de la servitude et de l'erreur.

Il s'agit comme le dit Kant « d'oser penser par soi-même » et de se servir de son propre entendement pour assurer la primauté d'une autonomie intellectuelle face aux très nombreuses sollicitations de puissances obscures dogmatiques et des passions irrationnelles.

Il s'agit d'être laïc au sens où l'on sait se placer en dehors de toutes les connaissances que l'on connait, que l'on accepte, mais qui n'interfèrent en rien dans la liberté de conscience et par voie de conséquence dans les choix que l'on prendrait pour réaliser son destin terrestre.

Cette libération de la pensée permet in fine d'accéder à une connaissance supérieure. Elle ne sera point illumination, ni transe, ni extase mystique, ni révélation, ni formatrice d'un pari sur Dieu (Pari de Pascal),[103] mais tout simplement orienté vers une immanence profondément tournée vers l'humain et l'humanité.

Libre à tous ceux qui ont des tendances mystiques de trouver sur le chemin de la connaissance l'union avec une surconscience qui leur appartient en propre, mais libre aussi à tous les êtres agnostiques et athées de pratiquer une tolérance active face à la diversité des choix métaphysiques.

Quant aux Maçons, ils continueront à être unis par la démarche initiatique, car pratiquer les rituels maçonniques, c'est vivre une façon de se représenter le monde, de définir un langage de communication et de transmission universel.

Les symboles sont ce qu'ils ont principalement en commun. Ils ne sont ni enseignés ni appris, mais s'intègrent dans le vécu de chacun.

En résumé, ils confortent la liberté de penser, non point pour la liberté seule, mais pour renforcer la confiance en soi qui dépend de la connaissance de soi, car, se connaître c'est savoir que la confiance en soi dépend de la certitude ou du doute qu'ils ont de leurs mérites et de leurs motivations pour construire le Temple universel, c'est-à-dire une société nouvelle où règneront l'harmonie par la fraternité.

---

[103] . Le pari de Pascal consiste à dire : Soit dieu existe, soit il n'existe pas. Soit on y croit, soit on n'y croit pas. Donc d'après le philosophe Pascal, il vaut mieux croire en Dieu que de ne pas y croire (le risque de perte est moins grand). Il parie donc sur son existence.

Ainsi la structure de la Maçonnerie fondée sur le cheminement initiatique par grade et sur le symbolisme qui enchante l'imaginaire tend vers une individualisation de la pensée et une indépendance d'esprit exprimées par la liberté de ne pas tolérer la différence des hommes, mais de l'aimer, puisqu'elle permet d'exister et de construire une nouvelle société en évitant de juger et d'attacher une importance excessive au jugement d'autrui.

Cet humanisme, cette empathie à l'autre spécifique doivent déboucher nécessairement sur une action sociétale, mais aussi sur le respect de la vie et finalement sur la définition d'un projet de civilisation qui structure l'avenir pour les jeunes générations.

Conclusion

Bien que la société occidentale ne soit pas encore une civilisation au sens spirituel, la Maçonnerie propose l'avènement d'un nouvel Homme affranchi de beaucoup d'inutilités, de superflus matériels et qui retrouve par les vertus de l'initiation la source d'un certain bonheur qui est au fond de lui-même.

Ce nouvel Homme saura éviter de fréquenter les ignorants qui dominent la société actuelle et qui tentent de défendre leur sécurité illusoire : de même qu'il saura identifier les pharisiens, qui ne trouvent grâce que dans le conservatisme et qui cheminent en aveugle dans les certitudes d'un passé aliénant et qui font croire que la libération de l'esprit ne viendra qu'en niant le génie propre.

Et finalement, il engagera les bons combats pour éviter toutes les pédagogies de l'éducation qui prône un retour de l'intellect pur et le mépris qu'il génère face aux réalités subtiles de la liberté de conscience.

D'une manière générale, les Maçons favoriseront avec douceur et bienveillance tout ce qui donne accès aux facultés supérieures de l'Homme, à savoir, l'intuition et l'amour. Avec ces deux valeurs, ils assumeront un humanisme créatif et vivront dans l'humilité de leur savoir, qui est le contraire de ce que donne la certitude dogmatique d'un présent subi et non assumé.

Néanmoins, cette libération de l'esprit pourrait rester stérile et n'être qu'un exercice intellectuel.

C'est pourquoi le Maçon est un homme d'action tourné vers l'extérieur.

Son devoir est de transformer son intérêt individuel à la fois dans la Maçonnerie par une disponibilité sans failles pour aider ses Frères et être utile à l'ordre, mais surtout au profit de l'humanité tout entière par des actions militantes dans les milieux associatifs et politiques.

L'éthique maçonnique, sa relation avec la démocratie et la politique

« Il vient une heure où protester ne suffit plus. Après la philosophie, il faut l'action », Victor Hugo

Introduction

La Maçonnerie régulière [104] à l'encontre de la Maçonnerie libérale et adogmatique, ne permet pas d'associer l'éthique maçonnique et la politique qui selon Hanna Arendt « repose sur un fait : la pluralité humaine ».[105]

Cette position interroge sur la capacité de l'institution porteuse de valeurs humanistes universelles à proposer le fruit de ses réflexions aux organes politiques ou associatifs qui pourraient les traduire en progrès sociaux et en lois.

De même, face aux profondes mutations des paradigmes socio-économiques que vit la société

---

[104] . Voir Note n° 112

[105] . Hanna Arendt, Qu'est-ce que la politique ? P. 31 Edition du Seuil, Paris, 1995

globalisée de ce XXIe siècle, les Loges régulières semblent impuissantes à porter l'espoir d'un monde meilleur où sera proscrit de penser l'Homme au singulier ou de vouloir gouverner l'humanité selon un seul principe[106].

D'autre part, au regard des actions entreprises par les Maçons des XVIII et XIXes siècles, qui ont su imposer la démocratie et s'adapter aux vastes changements sociétaux et politiques qui ont traversé leur temps, ceux d'aujourd'hui ne peuvent rester inactifs devant les interrogations sur la bioéthique en général et le devenir du genre humain en particulier, mais aussi face aux évolutions sociétales liées au progrès technoscientifique.

Ces illustres prédécesseurs ont œuvré dans le but d'inscrire dans les lois et les constitutions les principes fondamentaux de l'Ordre maçonnique que sont : la tolérance, le respect des autres, l'attachement à la liberté, le sens de la liberté, le désir du progrès humain, la pratique de la fraternité et le principe démocratique.

À leur corps défendant et malgré l'injonction, des rituels qui les engagent à traduire dans le monde profane les fruits obtenus dans la Loge, les Maçons réguliers se trouvent paradoxalement freinés dans leurs actions politiques au regard des fondements

---

[106] . Les Loges régulières sont tenues de respecter les 8 principes de base de la régularité (Basic Principles for Grand Lodge Recognition adoptés par la GLUA le 4 septembre 1929) – voir Note n°112 – ce qui ne leur permet pas d'accepter d'une part les femmes, mais aussi les hommes ne croyant pas en un Dieu révélé.

mêmes de la régularité maçonnique et des règles constitutionnelles de l'Ordre.

On analysera cette situation par rapport, non plus à la politique au sens général du terme, mais de l'apolitisme[107] qui permet de créer des ponts entre les nécessaires actions à entreprendre au regard des mutations profondes que vit la société et le désir qu'ont les Maçons d'œuvrer dans la cité pour défendre leurs valeurs et préparer le monde de demain.

Principe juridique de la Régularité maçonnique et des Constitutions d'Anderson

Il est intéressant de noter que c'est dans le fameux discours du Chevalier de Ramsay que l'on trouve des références bien précises sur la citoyenneté. Cela est d'autant plus surprenant que ce discours a eu lieu sous Louis XV période de monarchie absolue en France[108].

---

[107]. L'envahissement de l'espace du politique par les préoccupations électorales et partisanes, au point que ces mots sont dans la pratique courante souvent synonyme, a amené à utiliser le terme d'apolitisme pour exprimer une vision politique qui se tient éloignée et dépasse le débat partisan ou la lutte électorale. Être apolitiques, c'est aussi un engagement dans le débat public et y prendre part d'une autre façon, en partant d'une vision de l'histoire qui transcende les idéologies .... Source : Franck C. Ferrier. Dialogue & Démocratie Suisse. Newsletter n°2, Source : www.deds.ch, Genève

[108]. Europe, citoyenneté et Maçonnerie Florent Vanremortere, p. 162-163, Édit. Espace de libertés, Bruxelles, 2006

Le chevalier de Ramsay précise sur la volonté des Maçons « de réunir tous les hommes d'un esprit éclairé, de mœurs douces et d'une humeur agréable non seulement pour l'amour des Beaux-arts, mais encore plus par les grands principes de vertu de sciences et de religion où l'intérêt de la confraternité devient celui du genre humain tout entier, où toutes les nations peuvent puiser des connaissances solides et où les sujets de tous les royaumes peuvent apprendre à se chérir mutuellement, sans renoncer à leur patrie... »

La deuxième référence sur les relations à la politique se trouve dans les obligations d'un Maçon qui furent rédigées par les Frères Anderson et Desaguliers en 1723 à l'article II intitulé du Magistrat civil suprême et subordonné qui est la suivante :

« Un Maçon est un sujet paisible, qui respecte le pouvoir civil, dans quelque lieu qu'il réside ou travaille. Il ne doit jamais s'impliquer dans des conspirations ou des complots contre la paix et le bonheur de la nation. Il ne se conduira pas de manière irrespectueuse envers l'autorité inférieure. La guerre, l'effusion de sang et la confusion ont été fort néfastes à la Maçonnerie. C'est pourquoi les rois et les princes ont toujours été bien disposés envers les membres de la confrérie, tant pour leur loyauté que pour leurs mœurs pacifiques. C'est ainsi qu'ils répondaient aux attaques de leurs adversaires et qu'ils élevèrent l'honneur de la fraternité qui en temps de paix toujours prospéra. Si un Frère venait à se rebeller contre l'État, il ne serait pas soutenu dans son action. On peut avoir pitié de lui, comme d'un malheureux. S'il n'est convaincu d'aucun autre crime, bien que la confrérie se doive de désavouer sa rébellion pour ne pas craindre ombrage ou mécontentement du gouvernement, il ne sera pas banni de la Loge, ses liens avec elle étant indestructibles ».[109]

Il n'y a rien dans ce texte qui interdit de participer à une action dans la politique sauf celle de comploter contre les pouvoirs civils en place.

Aussi, est-il possible de travailler dans une Loge sur des thèmes sociétaux, car, in fine, il permettra aux Frères qui le désirent de contribuer à l'amélioration pour le bonheur de la nation.

Par ailleurs, ce texte n'interdit nullement à une association conforme au droit et reconnue par le Code civil de réfléchir au devenir de la société en faisant référence aux valeurs et à l'éthique maçonnique. La seule obligation qui est demandée dans ce champ d'application est de favoriser une attitude paisible et de contribuer à l'effort de paix. En fait, l'effort de paix est suggéré en négatif par le rejet de la guerre, de l'effusion de sang et de la confusion.

Ce caractère pacifique est inspiré d'une certaine façon dans tous les rituels maçonniques, mais en

[109] . Les Obligations d'un Maçon de 1723. Édit. Moulin Frères SA – Lausanne

particulier dans celui dit de Ruchon[110], pratiqué par la Loge Fidélité et Prudence, qui formule que la Maçonnerie est née de la haine du mal et de l'amour du Bien et qui engage les Maçons à travailler à « la construction d'un Temple idéal, une société nouvelle où il y aura un peu plus de justice, un peu plus d'amour, où la voix brutale des intérêts matériels devra se taire devant les saintes exigences du cœur et des sentiments d'humanité ».[111]

D'autre part, il y a une certaine ambigüité du texte sur le comportement du Maçon comploteur contre l'état. En effet, le Frère qui prendrait part à une révolution ou une insurrection de façon intellectuelle et sans crime de sang ne sera plus soutenu par l'Ordre, mais ne doit nullement être banni de sa Loge puisque, comme le stipule l'article II, « ses liens avec elle étant indestructibles » ce qui signifie que l'action insurrectionnelle bien qu'étant blâmée, est relativisée au regard de sa qualité de Maçon.

N'y aurait-il pas derrière cette attitude la reconnaissance implicite d'une possibilité de contester les pouvoirs en place lorsque ceux-ci ne respectent plus la dignité humaine et les droits de l'Homme ?

Il en va tout autrement en ce qui concerne le principe de régularité exprimée par la GLUA, en

---

[110] . Loge Fidélité & Prudence, Rituel des trois grades symboliques, Imprimerie ATAR, Genève, 1931

[111] . Ibidem, p. 35

particulier l'article 7 des principes de base de la régularité (Basic Principles for Grand Lodge Recognition) adoptés par la GLUA le 4 septembre 1929[112].

En effet, celui-ci indique que : « Toute discussion touchant à la religion ou à la politique est strictement interdite en Loge. »

Néanmoins, le point VI des principes maçonniques généraux de la Grande Loge Suisse Alpina (GLSA) redéfinit le propos comme suit : « ... La Loge ne s'immisce dans aucune controverse touchant à des questions politiques ou confessionnelles. À titre instructif, un échange de

---

[112] . Pour mémoire, rappelons les 8 principes de base de la régularité (Basic Principles for Grand Lodge Recognition adoptés par la GLUA le 4 septembre 1929) :

La régularité d'origine : chaque GL doit avoir été dûment et régulièrement constituée par une GL reconnue ou par au moins trois Loges régulières.

La croyance dans un Être suprême doit être une caractéristique essentielle pour ses membres.

Tous les Initiés doivent prendre leurs obligations sur le Volume de la Loi Sacrée ouvert et bien en vue.

Tous les membres de la Grande Loge et de ses Loges doivent être composés exclusivement d'hommes et aucune Grande Loge ne doit entretenir des relations maçonniques avec des Loges mixtes ou des organisations acceptant des femmes.

La Grande Loge doit être souveraine sur toutes les Loges de sa juridiction. Elle doit être une organisation responsable, indépendante et autonome et la seule à exercer une autorité incontestée sur les Degrés Symboliques (Apprenti, Compagnon et Maître) dans sa juridiction. Elle ne peut être subordonnée ou partager son autorité avec un Suprême Conseil ou toute autre Puissance revendiquant quelque autorité ou contrôle sur ces degrés.

Les trois Grandes Lumières de la Maçonnerie (à savoir le Volume de la Loi Sacrée, l'Équerre et le Compas) doivent toujours être exposées lors des Travaux de la Grande Loge ou de ses Loges, la principale étant le Volume de la Loi Sacrée. Toute discussion touchant à la religion ou à la politique est strictement interdite en Loge.

Les principes des Anciens Landmarks, coutumes et usages de la Maçonnerie doivent être strictement respectés.

vues sur de telles questions est autorisé. Ces discussions ne pourront jamais faire l'objet d'une votation quelconque ni aboutir à des résolutions qui entraveraient l'indépendance des membres ».[113]

On note également que l'article 8 des principes de base de la régularité qui stipule que « Les principes des anciens Landmarks[114], coutumes et usages de la Maçonnerie doivent être strictement respectés » présupposent que le secret d'appartenance et des

---

[113]. Constitution de la Grande Loge Suisse Alpina, p. 38, Editions Masonic Arts, 1997

[114]. Les Caractéristiques d'un Landmark sont les suivantes (Mackey)
Le Landmark est immémorial
Le Landmark est immuable (il ne peut pas être abrogé)
Le Landmark est inchangeable (il ne peut pas être modifié),
Le Landmark est Principe fondateur.
Le Landmark est universel (universel signifie proposition de Dieu, créateur, à tous les hommes de bonne volonté de croire en Lui et en Sa volonté révélée et de parfaire Son œuvre)
L'approche ci-dessous ne concerne que la « Maçonnerie de Tradition », c'est-à-dire les grades ou degrés réunis sous l'obédience d'une Grande Loge régulière. Ce qui évitera toute distorsion vers un rite ou un autre.
La Maçonnerie régulière, comme son nom l'indique, déroule son cheminement sur le schéma évolutif du métier de maçon, compris comme bâtisseur allant de la pierre brute au chef de chantier. La cohérence de ce choix entraine une dédicace de l'œuvre à la Gloire du Grand Architecte de l'Univers, d'une part, la croyance en Sa volonté révélée d'autre part.
Les Constitutions de la période spéculative (Constitutions d'Anderson de 1723 et de 1738 et Ahiman Rezon de 1756) reprennent les Landmarks fondamentaux et utilisent le thème général de la construction du Temple de Salomon comme figure symbolique de la réalisation spirituelle.
Dans ce sens, il n'y a pas rupture avec la période opérative, seul le matériau change, on passe de la pierre à l'Homme comme matériau qui doit être taillé pour être mis en conformité avec le plan de Dieu, Grand Architecte de l'Univers.
Les Landmarks sont indissociables de :
La foi en Dieu et en sa volonté révélée
Un comportement moral conforme a l'alliance avec Dieu
Le respect des lois comme signe de liberté
La pratique de la fraternité et de la bienfaisance comme règles du métier.
Source : GLNF (Grand Loge National Française)

serments maçonniques ne peuvent en aucun cas être trahis aussi bien dans la vie associative et que dans les milieux politiques et judiciaires.

De plus, les coutumes et usages informent sur la règle dite des « 3 S » : serment, secret et silence et de la règle des « 7 B »[115] selon laquelle il ne faut être ni bancal, bâtard, bègue, bigle (qui louche), boiteux, borgne, bossu, bougre (homosexuel) pour être accepté en Maçonnerie.

La première est toujours en vigueur et doit être comprise comme une exigence vis-à-vis de la méthode initiatique qui ne peut se pratiquer à « découvert » et non pas comme un possible refuge secret contre les intérêts d'un état, la deuxième heureusement, n'a pas été repris par la Maçonnerie spéculative, bien qu'il y ait des exceptions aux XVIIIe et XIXe siècles puisque les Maçons n'ont pas appelé dans les Loges les juifs, comédiens et les domestiques[116].

Aujourd'hui, elle n'apparaît dans aucune charte ni constitution maçonniques bien que l'article IV des constitutions d'Anderson de 1723, toujours en vigueur, indique : « ... qu'aucun Maître ne doive

---

[115] . Sur cette règle des « B », cf. René Guenon, Aperçus sur l'initiation, Paris, éditions Traditionnelles, 2004 (6e édition corrigée).

[116] . Au 18e siècle, la Maçonnerie interdisait l'accès des Loges aux domestiques et aux comédiens pour les domestiques parce qu'il ne fallait pas transgresser la hiérarchie sociale en faisant que le domestique soit l'égal du maître pour les comédiens, ils étaient trop sensibles aux humeurs du public. Au 19e siècle la Maçonnerie était interdite aux Israélites ainsi qu'aux Noirs (ces derniers n'ayant pas d'Âme).

prendre un Apprenti, à moins qu'il n'ait suffisamment de quoi l'employer, et à moins que ce ne soit un jeune homme parfait, sans mutilation ou tare physique, qui puisse le rendre incapable d'apprendre l'Art.... ».[117] Il reste à définir ce que signifie au XXIᵉ siècle une tare physique et une mutilation, en étant bien conscient qu'il n'est plus possible d'appliquer la règle des 7 B sous peine de violer la plupart des constitutions dans les pays démocratiques et les nombreuses conventions des Nations Unies et du Conseil de l'Europe.

D'autre part concernant le terme de « bougre » (homosexuel), il est de tradition dans tous les rituels de préciser, lors de la réception d'un Apprenti, que son acceptation est due au fait qu'il est « libre et de bonnes mœurs ».

Que signifie l'expression « libre et de bonne mœurs » au regard des évolutions sociétales sur le couple et sur la régularisation des mariages pour les populations (LBGT) lesbiennes, gay trans et bi sexuel en vigueur dans 9 pays européens[118] en 2013.

Il existe une fraternelle inter obédientielle homosexuelle[119] en France depuis 2008 qui a fait

---

[117] . Les Obligations d'un Maçon de 1723, article IV p. 14 – Édit. Moulin Frères SA – Lausanne

[118] . Belgique (2003), Danemark (2012), Espagne (2005), Islande (2010), Norvège (2009), Pays-Bas (2001), Portugal (2010), Suède (2009), France (2013) Source : Wikipedia

[119] . « Les Enfants de Cambacérès » est une fraternelle inter obédientielle maçonnique qui se veut un espace de liberté, de paroles et d'échanges pour les Frères et les Sœurs gays et lesbiennes en France. Elle travaille sur différentes

évoluer les mentalités des obédiences régulières du moins celle de la GLNF puisque l'allusion « aux bonnes mœurs » a été transformée par une expression plus neutre, « des gens respectables et de bonnes renommées ».

Finalement, les articles 7 et 8 des principes de base de la régularité définissent les limites des champs d'activités et de réflexions politiques et religieux des Loges maçonniques régulières. Les transgresser revient à trahir le contrat qui lie la Loge à l'obédience, garante de la régularité et qui devra, si les faits sont avérés, proposer la radiation de la Loge à l'assemblée générale de l'obédience ; elle-même, par ailleurs, ne pouvant non plus pas s'engager sur des faits politiques ou religieux sous peine de perdre la régularité par la GLUA.

Il est intéressant de souligner une situation particulière qui s'est passé dans la Loge Fidélité et Prudence en 1901.

Les Frères de cette Loge, apprenant avec une surprise douloureuse que l'Angleterre avait installé pour la première fois dans l'histoire, lors de la guerre du Transvaal, des camps de concentration pour des femmes et des enfants boers décidèrent sur proposition du Frère Lachenal d'envoyer une lettre de protestation par l'intermédiaire de la GLSA à la GLUA. Celle-ci donna une fin de non-recevoir le 6

réflexions et propositions afin de promouvoir ses idées de progrès et de tolérance.
Source : http://www.cambaceres.net

février 1902 en prétextant que la GLUA ne s'occupaient pas de problèmes politiques[120].

Le passé

Les recherches historiques ont montré que les Maçons ont toujours œuvré pour la liberté de conscience, l'indépendance de leur pays, l'avènement et la pérennité de la démocratie de même pour la laïcité en s'assurant que les principes fondamentaux de la Maçonnerie se retrouvent dans les constitutions ou les chartes spécifiques des obédiences[121].

---

[120] . Théo Marti, La Loge « Fidélité et Prudence » et ses ancêtres, p. 81, Édit du Lézard, octobre 2006

[121] . Comme exemple, citons la charte de la GLNF sous forme d'une règle en douze points de la Maçonnerie régulière, qui à la lecture apparaît cependant moins juridique que la définition des huit conditions de la régularité comme indiquée plus haut, qu'elle inclut néanmoins :
La Maçonnerie est une fraternité initiatique qui a pour fondement traditionnel la foi en Dieu, Grand Architecte de l'univers.
La Maçonnerie se réfère aux sources de la fraternité, notamment quant à l'absolu respect des traditions spécifiques de l'Ordre, essentielles à la régularité de la juridiction.
La Maçonnerie est un Ordre, auquel ne peuvent appartenir que les hommes libres et respectables, qui s'engagent à mettre en pratique un idéal de paix, d'amour et de fraternité.
La Maçonnerie vise ainsi, par le perfectionnement moral de ses membres, à celui de l'humanité tout entière.
La Maçonnerie impose à tous ses membres la pratique exacte et rigoureuse des rituels et du symbolisme, moyens d'accès à la connaissance par les voies spirituelles et initiatiques qui lui sont propres.
La Maçonnerie impose à tous ses membres le respect des opinions et des croyances de chacun. Elle leur interdit en son sein toute discussion ou controverse, politique ou religieuse. Elle est ainsi un centre permanent d'union fraternelle où règnent une compréhension tolérante et une fructueuse harmonie entre des hommes qui, sans elle, seraient restés étrangers les uns aux autres.

Aux USA, des Frères comme Georges Washington (1732-1799) et les 27 autres signataires-Maçons sur 52 de la déclaration d'indépendance des États-Unis d'Amérique de 1776, sans oublier le Marquis de La Fayette (1757-1834), Thomas Payne (1737-1809) ont contribué par leurs actions à enrichir la politique par l'esprit maçonnique.

En France, il en fut de même avec les présidents maçons Jules Grévy (1807-1891), Félix Faure (1841-1899), Gaston Doumergue (1863-1937), etc.

En Amérique du Sud, l'indépendance des pays a été possible grâce à des Maçons comme Simon Bolivar (1763-1830)[122] qui a libéré le Venezuela,

---

Les Maçons prennent leurs obligations sur un Volume de la Loi Sacrée, afin de donner au serment prêté sur lui le caractère solennel et sacré indispensable à sa pérennité.

Les Maçons s'assemblent, hors du monde profane, dans des Loges où sont toujours exposées les trois grandes lumières de l'Ordre : un volume de la Loi sacrée, une équerre et un compas, pour y travailler selon le rite, avec zèle et assiduité, et conformément aux principes et règles prescrits par la Constitution et les Règlements généraux de l'obédience.

Les Maçons ne doivent admettre dans leurs Loges que les hommes majeurs, de réputation parfaite, gens d'honneur, loyaux et discrets, dignes en tous points d'être leurs frères et aptes à reconnaître les bornes du domaine de l'Homme et l'infinie puissance de l'Éternel.

Les Maçons cultivent dans leurs Loges l'amour de la patrie, la soumission aux lois et le respect des autorités constituées. Ils considèrent le travail comme le devoir primordial de l'être humain et l'honorent sous toutes ses formes.

Les Maçons contribuent, par l'exemple actif de leur comportement sage, viril et digne, au rayonnement de l'Ordre dans le respect du secret maçonnique.

Les Maçons se doivent mutuellement, dans l'honneur, aide et protection fraternelle, même au péril de leur vie. Ils pratiquent l'art de conserver en toute circonstance le calme et l'équilibre indispensable à une parfaite maitrise de soi.

Source : GLNF

[122] . Il aurait été initié à la Maçonnerie le 11 novembre ou le 27 décembre 1805. Des sources différentes affirment qu'il a été initié à Cadix et qu'il aurait reçu le grade de compagnon à la Loge Saint-Alexandre d'Ecosse le 11 novembre 1805.

l'Équateur et la Colombie de la domination espagnole[123], tout comme José Marti (1853-1895) écrivain cubain et héros de la guerre d'indépendance[124].

En Italie, on relève que l'italien Giuseppe Garibaldi (1807-1882) a lutté pour l'unification de l'Italie contre l'Autriche, la France et la papauté ; dans le même esprit on cite Sun-Yat-Sen (1866-1925) fondateur du parti nationaliste (Guomindang) et de la première République chinoise et Tchang Kaï-Chek (1887-1975) chef de l'armée du Guomindang et opposé au parti communiste chinois [125] ; sans oublier le révolutionnaire russe Bakounine (1814-1876) opposant à Karl Marx et théoricien de l'anarchisme qui vécut à Lyon et Louise Michel (1833-1905) anarchiste, aux idées féministes et libertaires, héroïne de la commune de Paris en 1871.

Certaines prétendent même que c'est Miranda, également Maçon, qui l'a initié à la Grande Loge Américaine en 1803. D'autres disent qu'il a été initié à Paris le 27 décembre 1805 à la Loge Saint-Alexandre d'Ecosse au Rite Ecossais Ancien et Accepté et élevé au grade de maître dès janvier 1806. C'est cette hypothèse qui semble la plus probable (qu'il ait été initié le 11 novembre ou le 27 décembre 1805 n'est pas très important …). Une chose est bien certaine : Simon Bolivar a bien été Maçon. D'ailleurs cette appartenance a été confirmée explicitement dans une planche intitulée « Maçonnerie et socialisme » prononcé le 28 août 1971 à Bogota dans une Loge de la Grande Loge de Colombie, par le très regretté frère Salvador Allende. Source : Jean-Laurent Turbet

[123] . Le Monde des Religions. Hors-série n°6. P. 68

[124] . Ibidem.

[125] . Ibidem.

On évoque également d'autres personnalités à la fois têtes couronnées comme Frédéric II roi de Prusse, ou hommes politiques ayant apporté une avancée sociale importante comme, Jules Ferry (1832-1893) pour avoir introduit l'école obligatoire républicaine pour tous, Cambacérès (1753-1824) qui a participé avec Portalis (1745-1807) à la rédaction du Code civil napoléonien, Mendes-France (1907-1982) président du Conseil qui mit fin à la guerre d'Indochine, Gaston Monnerville (1897-1991) métis né à Cayenne président du Conseil et enfin Winston Churchill (1874-1965) Premier ministre de Grande-Bretagne durant la Deuxième Guerre mondiale et prix Nobel de littérature en 1953[126.]

Bien d'autres encore non invoqués ici ont été actifs en politique et se sont appuyés sur la Maçonnerie pour arriver à leurs fins politiques, mais surtout pour établir un contrat social respectueux de la diversité humaine et des principes des Lumières, que sont la tolérance, la liberté de conscience, le progrès de la raison et de la science ainsi que le rejet du despotisme.

On mentionne à cet effet, Montesquieu (1689-1755), chantre du progrès de la raison et de la science pour lutter contre l'obscurantisme religieux, Benjamin Franklin, rédacteur de la déclaration d'indépendance des USA et Condorcet (1743-1794)

---

[126] . Ibidem, p. 69

philosophe, politologue et mathématicien, inspirateur de la Révolution française.

On cite aussi Filippo Buonarrotti (1761-1837)[127] qui a eu des actions plus engagées dans le combat révolutionnaire et surtout pour fédérer les Maçons persécutés par la Sainte-Alliance[128]. Il est surtout connu par son art d'utiliser le système maçonnique pour arriver à ses fins politiques. À cet effet, il a fondé la Loge « Les sublimes Maîtres parfaits », dans laquelle se retrouvent tous ses amis révolutionnaires[129].

Parfois, la situation est insoutenable comme au Chili avec Salvador Allende, président du Chili de 1970 à 1973, membre de la grande Loge du Chili comme son bourreau, le général Augusto Pinochet[130].

En suisse, trois Maçons furent Conseiller fédéral depuis la nouvelle constitution de 1848 : Jonas Furrer (1805-1861) Membre de la Loge Akazia, de Winterthur, Grand Orateur de la Grande Loge Suisse Alpina en 1844 puis quatre années plus tard premier président de la Confédération

---

[127] . F. Buonarrotti aussi singulier que cela puisse paraître au regard de son parcours maçonnique mouvementé fut membre de la Loge « les Amis Sincères » à l'Orient de Genève en 1806. Il exerçait à Genève la profession de professeur de musique et donnait des leçons d'italien. La Loge fut dissoute en 1811 accusée sous le vénéralat de Buonaroti d'être un club subversif.

[128] . La Pensée et les Hommes – 49e année n° 60. P. 172

[129] . Ibidem, p. 50

[130] . Le Monde des Religions. Hors-série n°6. P. 68

helvétique qui a participé à la rédaction de la Constitution fédérale de 1848, Antoine Louis John Ruchonnet (1834-1893), membre de la Loge Liberté à Lausanne et Adrien Lachenal (1849-1918) membre de la Loge Fidélité & Prudence à Genève.

Les Maçons suisses ont dans le passé essayé d'inscrire l'idéal maçonnique dans la politique. Jonas Furrer en inscrivant trois principes maçonniques dans le préambule de la constitution fédérale [131] de 1848 et surtout Georges Favon et Adrien Lachenal avec les Frères radicaux de la Loge Fidélité et Prudence qui orientent toute la Maçonnerie du bout du lac vers des thèmes telles que l'assurance obligatoire, la politique des salaires et la situation des ouvriers, le protectionnisme, les lacunes de l'assistance publique et sociale, etc. [132].

La Loge Fidélité & Prudence dès 1890 et jusqu'en 1910 a participé activement à la vie politique genevoise puisque quelques-uns de ses membres étaient soient députés au Grand Conseil, soit Conseiller d'État ou soit occupaient de hautes fonctions dans l'administration publique de la République, mais aussi de la confédération.

---

[131] . « Au nom de Dieu Tout Puissant » qui rappelle l'importance du G.A.D.L.U. et de la composante métaphysique de la démocratie.
« Déterminés à vivre ensemble leurs diversités dans le respect de l'autre et l'équité » qui enjoint les citoyens à vivre comme des initiés
« Sachant que seul est libre qui use de sa liberté et que la force de la communauté se mesure au bien-être du plus faible de ses membres » qui propose de vivre ensemble selon les préceptes de la chaine d'union. Source : André Moser, Éloge de l'Acacia-Chroniques p. 225, Editions DDS, Genève, 2012

[132] . PHILIPPE LE BÉ, Maçons, leur vrai visage en Suisse, L'Hebdo, avril 2011

Pendant toute cette période le travail en Loge consistait à préparer les lois qui étaient proposées ensuite au Grand Conseil, mais sans délaisser le travail proprement maçonnique puisque la Loge qui comptait 100 Frères en 1880 en comptera 240 en 1901.

En 1901, son Vénérable Maître était Adrien Lachenal, un des principaux responsables du parti radical, ancien président de la Confédération suisse (1896), conseiller d'État en exercice et ancien Conseiller national, son Orateur Georges Favon, Conseiller d'État en exercice de 1899 à 1902 (mort en fonction), journaliste et homme politique influent du parti radical et son Maître Député Adrien Babel. Auparavant d'autres Frères illustres ont œuvré dans la même disposition telle, Alfred Vincent, médecin et professeur, Conseiller d'État et conseiller national ainsi qu'Alexandre Gavart, professeur, Conseiller d'État de 1884 à 1890.

Pendant ces trente années d'intenses activités politico-sociales, la Loge ne fut nullement apostrophée par la GLSA compte tenu de la nature pour le moins contestable de ses travaux au regard de la régularité.

Dans les milieux politiques genevois tout le monde savait que la Loge avait une influence certaine sur le bien vivre ensemble social dans la République, mais les Frères prudents n'engageaient jamais la Maçonnerie dans leurs combats politiciens. En réalité, ils faisaient de l'apolitisme.

Néanmoins, ils étaient fiers de leur appartenance à la Maçonnerie et n'hésitaient pas à le souligner même lors de cérémonies officielles.

À ce sujet, on relève le discours de St-Pierre d'Adrien Lachenal qui prenant position pour les catholiques dans la controverse de l'époque a dit : « … Les attaques que subit la Maçonnerie sont sans portées. Il ne faut pas même s'y arrêter ».[133]

Pendant cette période, la population genevoise regardait la Maçonnerie avec bienveillance puisque tous les Frères du Giron genevois, mais surtout ceux de Fidélité & Prudence s'engageaient avec force et vigueur et beaucoup de pragmatisme pour combattre les injustices sociales et favoriser le bien vivre des citoyens dans la République.

En 1902, le Frère Louis Favre, professeur fit l'exposé de tout un programme d'études et de réalisations pratiques telles :

La libération conditionnelle des détenus en préventive

La réforme pénitentiaire et le relèvement des condamnés

La poursuite des études pour les assurances obligatoires

La lutte pour l'amélioration de l'assistance publique

Le relèvement des alcooliques et la lutte contre l'alcoolisme

---

[133] . Théo Marti, La Loge Fidélité et Prudence et ses ancêtres, p. 84-85 Edition du Lézard, octobre 2006

L'éducation des jeunes mères

La lutte contre la débauche des jeunes

Le relèvement des enfants vicieux

La question du repos hebdomadaire

La création de logements à bon marché pour les ouvriers

Une grande partie de ces études furent suivies de réalisations par les autorités compétentes, sous l'impulsion de Maçons[134]

De nos jours, les Maçons suisses se font nettement plus discrets au niveau cantonal et fédéral puisque selon les dires du lanterneau politique « Celui qui se présente aux élections en affichant son appartenance à une Loge maçonnique est à peu près certain de ne pas être élu. » La prudence est donc de mise.

En conclusion de ce chapitre, on peut dire que les Maçons ont apporté l'esprit des lumières à la civilisation et contribué à l'avènement de la démocratie de différentes manières, à savoir :

L'abolition des privilèges, de l'esclavage et de la peine de mort

La séparation de l'Église et de l'État

La fondation de la République

La constitution des États-Unis d'Amérique

L'indépendance de l'Amérique latine

L'instauration de l'enseignement public, laïque et obligatoire

---

[134] . Ibidem, p. 81-82

La Déclaration Universelle des Droits de l'Homme

L'instauration de diverses lois de protections sociales

La protection des femmes et des mineurs

L'interruption volontaire de grossesse (IVG), etc.

Éthique et morale maçonnique

Ces deux mots ont souvent été une source de confusion. En effet, étymologiquement le mot éthique vient du grec « Ethikè » qui est l'adjectif forgé sur « éthos » [135] qui signifie « comportemental ». Pour Aristote, il signifie un savoir relatif à la façon de se comporter[136].

La morale vient du latin « mores » qui a trait aux mœurs, manière de vivre et comportements humains. Ce qui distingue la morale de l'éthique est que la première se fonde sur la notion de bien et de mal en général tandis que l'éthique se rapporte davantage à ce qui peut être bon ou mauvais pour soi.

Le philosophe Roger-Pol Droit pense que la morale serait du côté des normes héritées et l'éthique du côté des normes en construction[137].

---

[135] . Roger-Pol Droit, L'éthique expliquée à tout le monde, p. 15, Édition du Seuil, mars 2009

[136] . Ibidem.

[137] . Ibidem, p. 20

D'une façon générale, la morale se présente comme un système de normes qui s'imposent de l'extérieur[138] et répond à la question « que dois-je faire ? » Tandis que l'éthique s'impose de l'intérieur [139] de sa propre nature et cherche la réponse à « comment dois-je vivre, et quelles en sont les limites ? »

Enfin, la morale tend à promouvoir la vertu et tient pour idéal le bien-être tandis que l'éthique tend à favoriser le bonheur avec comme finalité la sagesse.

L'éthique maçonnique ne peut se dissocier des valeurs fondamentales qui structurent la pensée et l'agir maçonnique.

Dans le cadre de la régularité, le Maçon développe une relation particulière avec le G.A.D.L.U. qui symbolise l'absolu de sa pensée et l'espérance de travailler à la recherche de la Vérité.

D'autre part, la méthode maçonnique, n'allant point chercher dans les textes religieux sacrés la réponse aux questions existentielles, présuppose que la conscience contient l'absolu et en quelque sorte le lieu ou « vit » le G.A.D.L.U.

Ce dernier n'étant point défini ni par des dogmes religieux et politiques ni par des préceptes

---

[138] . Franck C. Ferrier – Dialogue & Démocratie Suisse, newsletter n°6, Éthique et Politique, www.deds.ch, Genève

[139] . Ibidem.

ésotériques engagera le Maçon à faire appel à une éthique de conviction dont la limite est définie en tout cas avec le R.E.A.A. dans la formule impérieuse « fais ce que doit, advienne que pourra ».[140]

Les préceptes maçonniques ne prônant que l'amour du bien et n'opposant aucune limite à la recherche de la Vérité[141] engageront les Maçons dans une éthique de responsabilité vis-à-vis d'eux-mêmes et de la société en général afin de s'interdire la construction de délires mystiques ni la réalisation de systèmes politiques et idéologiques ne respectant pas la Déclaration des droits de l'Homme.

Par ailleurs, l'éthique de responsabilité[142], selon le théologien Hans Jonas permet de passer tous les projets et leurs conséquences éventuelles à une évaluation critique des droits et devoirs de l'Homme ce qui donne une limite à l'éthique de conviction qui sans cela au nom de l'impératif du devoir pourrait engendrer l'avènement d'une société que personne ne voudrait sauf les idéologues et les dictateurs (voir le régime communiste radical de Pol Pot au Cambodge de 1976 à 1979 qui a fait plus de 1.7 million de morts soit 20 % de la population.)[143]

---

[140] . Cette formule est signalée au Chapitre La Prudence à Genève lors de la communication des grades intermédiaires du R.E.A.A.

[141] . La recherche de la Vérité est consubstantielle à la démarche maçonnique.

[142] . Hans Jonas – Le principe de responsabilité, Édition Champs essai, 2009

[143] . Saloth Sâr, (19 mai 19281 – 15 avril 1998), plus connu sous le nom de Pol Pot, est le dirigeant politique et militaire des Khmers rouges, partisans d'un communisme radical. De 1976 à 1979, il fut le Premier ministre du Kampuchéa démocratique (Cambodge actuel). Le Programme

Maçonnerie régulière et libérale

À côté de la Maçonnerie régulière existe la Maçonnerie libérale et adogmatique [144] non reconnue par la GLUA parce qu'elle ne respecte pas la totalité ou l'un des points 2, 6, 7 et 8 de la régularité maçonnique [145]. Elle exerce une doxa maçonnique dont la spiritualité peut être qualifiée de laïque. Elle revendique une éthique émanant de tous les humains hommes et femmes, sans exclusives aucunes.

Libérée d'une transcendance verticale, elle considère qu'il existe une transcendance horizontale qui se vit par la fraternité et qui doit s'exercer dans le corps social de la société.

Cette division dans l'institution maçonnique a eu lieu en 1877 lorsque le Grand Orient de France décida de modifier l'article 1 de sa constitution qui, à cette date, était le suivant :

---

d'Étude sur le génocide cambodgien de l'Université Yale évalue le nombre de victimes des politiques de son gouvernement à environ 1,7 million de morts, soit plus de 20 % de la population de l'époque. Source : Wikipedia

[144]. Voir Note n° 44

[145]. Point 2 : La croyance dans un Etre Supreme doit être une caractéristique essentielle pour ses membres. Tous les initiés doivent prendre leurs obligations sur le Volume de la Loi Sacrée ouverte et bien en vue.
Point 6 : Les trois Grandes Lumières de la Maçonnerie (le Volume de la Loi Sacrée, l'Equerre, et le Compas) doivent toujours être exposées lors des Travaux de la Grande Loge, de ses Loges, la principale étant le Volume de la Loi Sacrée
Point 8 : Les principes des Anciens Landmarks, coutumes et usages de la Maçonnerie doivent être strictement respectés.

« La Maçonnerie, institution essentiellement philanthropique et progressive a pour objet : la recherche de la Vérité, l'étude de la morale universelle, des sciences et des arts et l'exercice de la bienfaisance.

Elle a pour principe l'existence de Dieu, l'immortalité de l'âme et la solidarité humaine.

Elle regarde la liberté de conscience comme un droit propre à chaque homme et n'exclut personne pour ses croyances. Elle a pour devise : Liberté, Égalité, Fraternité »

et qui fut modifié comme suit :

« La Maçonnerie, institution essentiellement philanthropique et progressive a pour objet : la recherche de la Vérité, l'étude de la Morale universelle, des Sciences et des Arts et l'exercice de la Bienfaisance.

Elle a pour principe : la liberté absolue de conscience et la solidarité humaine.

La Maçonnerie n'exclut personne pour ses croyances.

Elle a pour devise : Liberté, Égalité, Fraternité »

À la suite de cette modification, les grandes Loges anglo-saxonnes, américaines et européennes rompent leurs relations avec le GOF et interdisent toutes visites avec cette obédience.

Le Frère Clerke Grand Secrétaire de la GLUA fait savoir en 1885 au GOF les propos suivants :

« La GLUA soutient et a toujours soutenu que la croyance en Dieu est la première grande marque de toute vraie et authentique Maçonnerie, et qu'à défaut de cette croyance professée comme le principe essentiel de son existence, aucune association n'est en droit de réclamer l'héritage des traditions et des pratiques de l'ancienne et pure Maçonnerie ».[146]

C'est à partir de cette date qu'il existe deux Maçonneries[147], l'une libérale et « adogmatique » qui affranchie de tous les points de la régularité a décidé de construire un Temple maçonnique dans la société profane en participant activement à la forme supérieure de la philanthropie, le progrès social et l'autre, la Maçonnerie régulière, dont fait partie la GLSA, qui a aussi la tolérance mutuelle inscrite dans sa base philosophique, mais qui ne peut la traduire dans sa forme suprême en tant que liberté absolue de conscience, c'est-à-dire d'être reconnu comme Maçon que l'on croie à un Dieu de son choix ou que l'on n'y croie pas.

Le but de la Maçonnerie régulière aujourd'hui est le même que celui voulu par les Maçons de 1717, membres de la Scientific Royal Society[148], c'est-à-

---

[146] . Paul Gourdot, Le combat social des Maçons, p. 105 et 106, Edition du Rocher, 1999

[147] . La Maçonnerie libérale a pour slogan « liberté, égalité fraternité » et entend participer activement à la construction de la société idéale. La Maçonnerie régulière a pour devise « force, sagesse, beauté » et préfère travailler à la construction du Temple de l'Humanité à partir de la construction du temple intérieur par la maîtrise de l'ego. L'une (libérale) est extravertie, progressiste, mondaine ; l'autre (régulière) est tournée vers l'intérieur, progressive, mystique. Bruno Étienne, © Le Monde daté du samedi 9 septembre 2000

[148] . Royal Society ou Scientific Royal Society. Cette société académique, fondée en 1602 en Grande Bretagne, sous la protection du roi Charles II, compta parmi ses membres les plus connus le pasteur Désaguliers.

dire de pratiquer une recherche spirituelle tendant à intégrer l'Homme dans le cosmos, l'Homme qu'ils pressentaient en être à la fois et partie et le tout.

Toute la symbolique maçonnique des Loges régulières est profondément ésotérique et orientée vers le Bien suprême, vers ce Frère devenu enfin libre pour accomplir son destin spirituel à la gloire du G.A.D.L.U.

Comment pourrait-il en être autrement puisque par ses origines la Maçonnerie affirme le besoin de Dieu[149]?

La méthode initiatique consiste en fin de compte à loger le G.A.D.L.U. dans la conscience du néophyte si celui-ci l'imagine à l'extérieur (dans le cas d'un Dieu révélé) ou de le découvrir en soi et de le faire vivre consubstantiellement avec sa conscience (dans le cas d'une démarche gnostique).

Le but suprême, dans les deux cas étant de s'unir à Lui pour être enfin libre, à la fois pour aimer ses Frères, vivre l'altérité humaine et construire en conscience son temple intérieur par la maîtrise harmonieuse de son égo.

Ose-t-on imaginer que cette relation au G.A.D.L.U. est nécessaire et suffisante en soi pour vivre une destinée terrestre s'autorisant à occulter toutes les horreurs du genre humain, telles que les tyrannies, génocides, guerres, purifications ethniques, viols systématisés, terrorisme, esclavage et prostitution d'enfants, asservissement des

---

[149] . Jean Baylot, Une voie substituée, p. 319

femmes, parce que le but ultime est de devenir cet homme cosmique, harmonieux et en paix avec lui-même ?

Comment croire que ces abominations peuvent être occultées par les nécessités constitutionnelles d'une politique maçonnique ou par une tolérance qui n'est qu'un alibi de l'indifférence ou de la lâcheté ?

Enfin les Maçons réguliers, ne doivent jamais oublier que la Maçonnerie a pour principe l'existence de Dieu. Il faut donc l'admettre pour être Maçon. En le niant, on se trouve dans la position irrationnelle, peu confortable pour un rationaliste, d'adhérer à une association spécifique dont on désapprouve les principes[150].

La démocratie et la politique dans l'éthique maçonnique

Toute la philosophie maçonnique est basée sur le respect. Se respecter soi-même, respecter les autres dans leurs diversités ethniques, philosophiques et religieuses, mais aussi dans le processus démocratique.

La démocratie est le système politique avec lequel l'institution maçonnique peut travailler en confiance puisque la Maçonnerie n'a pas d'avenir avec les régimes politiques tyranniques et dogmatiques.

---

[150] . Ibidem, op. cit., p. 49

Dans le passé, chaque fois qu'une dictature est arrivée aux affaires, son premier travail a toujours été d'interdire les Loges maçonniques tout simplement parce que la Loge est un endroit paisible et attirant où les vertus maçonniques développent une attitude démocratique qui est de gouverner pour l'intérêt général et le respect de la dignité de tous et non point d'obéir et de subir les affres d'un dogme ou d'une idéologie fascisante.

Le Maçon est d'abord un homme de liberté et de tolérance ayant comme but de combattre les préjugés et de construire une société où cohabitent le respect des différences, l'amour du prochain et les principes démocratiques.

Il saluera toujours le gouvernement de son pays tant que ce dernier respectera la Déclaration Universelle des Droits de l'Homme. Mais si celui-ci abroge la constitution afin d'y introduire des valeurs contraires à l'éthique maçonnique, son devoir sera d'œuvrer pour le rétablissement d'une coexistence pacifique et bienveillante quoiqu'il en coûte à sa situation personnelle.

Dans le passé, beaucoup de Maçons se sont engagés dans la résistance en France.

À Lyon, cité surnommée « Capitale de la Résistance », leur rôle a été décisif. L'appartenance maçonnique des nombreux cadres de la Résistance a souvent été passée sous silence. On a ainsi oublié l'appartenance à la Maçonnerie d'Albert Chambonnet, chef de l'Armée secrète de la région R1 et futur Compagnon de la Libération, de

Paul Guivante et de René Pellet chefs successifs du réseau Marco-Polo, du couple Vansteenberghe du mouvement Franc-Tireur et de tant d'autres[151].

Beaucoup ont été déportés et assassinés, et leur engagement fait honneur à la Maçonnerie tout entière.

On n'oublie pas non plus, tous les Maçons anonymes qui ont été persécutés et envoyés dans les camps de concentration pendant la Deuxième Guerre mondiale pour y mourir de mort lente ou rapide selon les circonstances. Ceux-ci n'avaient même pas eu le temps de faire de la résistance. Ils n'étaient que Maçons.

Pour le régime nazi, ils étaient comme les Juifs, les Tziganes, les asociaux et les malades mentaux et leurs Loges, en Allemagne et dans les pays occupés, furent détruites et les objets maçonniques exposés comme autant de maléfices.[152]

Conclusion

.

Les Maçons seront toujours à la merci des pouvoirs politiques qui chercheront à minimiser leurs influences sauf si individuellement ou dans une association ils soulagent la misère de ceux qui

---

[151] . Régis Le Mer, MAÇONS RÉSISTANTS LYON 1940-1944, Editions Mémoire Active

[152] . Philippe Benhamou – Christopher Hodapp, La Maçonnerie pour les nuls, p. 64, First Edition, Paris, 2008

souffrent, incluent dans les lois et les traités internationaux les valeurs et vertus maçonniques et surtout montrent, par l'exemple, qu'ils sont en réalité les bienfaiteurs d'une démocratie et d'un art de vivre où l'Homme sera toujours plus fort que les systèmes qui veulent l'asservir.

Pour réaliser cet ambitieux objectif, on aura besoin d'une nouvelle définition de la personne et de sa liberté sous-jacente, qui a été proposée par le Dr Léon Nisand[153] et proposée ci-après :

— Un respect fondamental pour les personnes de toutes les origines ethniques, en rejetant tout racisme manifesté ou rampant.
— L'instauration de l'égalité des deux sexes sans dérobades dans des arguties retardatrices. Il n'y a pas une sous-humanité de « féminitude ».
— Le respect des handicapés, des naufragés sociaux, des diminués par vieillesse ou maladie, des condamnés, des prisonniers et même le respect des personnes qui sont mortes.
— La dignité de la personne exige la mise hors-la-loi de la torture.
— Le contrat social doit exiger que la vie de tout humain soit considérée comme sacrée. Cela signifie qu'un châtiment ne devrait jamais

---

[153] . Dr Léon Nisand (1923-1981), Maçon, il a été Grand Maître adjoint de l'Ordre maçonnique mixte international « le Droit Humain ». Participant à de nombreux travaux de cette organisation, il est également l'auteur de nombreux ouvrages, dont plusieurs dédiés à la Franc-maçonnerie et d'une autobiographie intitulée « De l'étoile jaune à la résistance armée »

prévaloir sur le respect de la vie, même lorsqu'il faut sanctionner l'individu le plus criminel.

— La peine de mort — encore légale dans de nombreux pays – est une source d'injustices irréparables et une négation ignominieuse de l'inviolabilité de la personne. Finalement, sauf à se profaner dans la barbarie totalitaire ou se laisser réifier par une économie de marché effrénée, l'humanité sera bien obligée de fonder, sur le seul respect d'elle-même, une motivation de la sauvegarde absolue des personnes.

Mais hormis la défense de la dignité et du droit à la vie pour toute personne constituée, il serait hypocrite de prétendre analyser ces valeurs fondamentales sans spécifier aussi les libertés qui leur sont intimement associées :

— La liberté de vivre de toute personne devrait nécessairement comporter l'accès aux soins médicaux préventifs et curatifs ainsi qu'une demeure décente.

— La liberté pour toute personne de ne subir aucune mutilation organique ou mentale ou limitant sa vie sexuelle et sa liberté de procréation ou de non-procréation sans nuisances pour autrui

— La liberté de l'esprit, ce qui exclut l'information tendancieuse ou truquée, la rumeur meurtrière et l'endoctrinement sectaire.

— La liberté de la croyance, mais aussi de la non-croyance, y compris dans les pays où existe une religion d'État. Cela signifie qu'aucune personne ne devrait plus être méprisée, rejetée ou condamnée pour des raisons religieuses.

— Enfin, la liberté de s'exprimer par la parole, par l'écrit et l'audiovisuel.[154]

Notes

Dr Léon Nisand, GRA-Revue MASONICA n° 15 – Éthique maçonnique

Philippe Benhamou — Christopher Hodapp, La Maçonnerie pour les nuls, First Edition, Paris, 2008

Régis Le Mer, Maçons RÉSISTANTS LYON 1940-1944, Éditions Mémoire Active

André Moser, Éloge de l'Acacia, Chroniques, Editions DDS, Genève, 2012

Alexis de Tocqueville, De la démocratie en Amérique, 2 tomes coll. Garnier-Flammarion, Édition Flammarion, 1993 et 1999

Paul Gourdot, Le combat social des Maçons, Édition du Rocher, 1999

Roger-Pol Droit, L'éthique expliquée à tout le monde, Édition du Seuil, mars 2009

Théo Marti, La Loge Fidélité et Prudence et ses ancêtres, Édition du Lézard, octobre 2006

Les Obligations d'un Maçon de 1723, Edit. Moulin Frères SA, Lausanne

Hanna Arendt, Qu'est-ce que la politique ? Édition du Seuil, Paris, 1995

---

[154] . Dr Léon Nisand, GRA-Revue MASONICA n°15, Ehique maçonnique, p.3-10

Martin Breaugh et Francis Dupuis-Déri, La démocratie au-delà du libéralisme, Athéna-Edition, Québec, 2009

Jean-Marie Guéhenno, La fin de la démocratie, Édition Flammarion, Paris, 1993

Cynthia Fleury, Les Pathologies de la démocratie, Édition Fayard, 2005

Cynthia Fleury, La fin du courage, Édition Fayard, 2010

Christian Saves, Pathologie de la démocratie, Edition Imago, Paris, 1994

Julien Freund, qu'est-ce que la politique ? Éditions Syrey, 1965

André Comte-Sponville, Le capitalisme est-il moral ? Édition Albin Michel, 2004

Franck C. Ferrier, Vaincre le terrorisme. La guerre psychologique contre les tyrannies. Éditions DDS, Genève, 2010

Hans Jonas, Le principe de responsabilité, Édition Champs essai, 2009

Jean-Luc Le Mercier – Jacques Ch. Lemaire, La Pensée et les Hommes, 49ᵉ année n° 60, Bruxelles, 2006